学級の育ち
にあわせた
3段階の
クラスづくり

成長にあわせた指導アイデア

西田 智行 著

明治図書

あなたのクラスは育っていますか？

　私は，学級は右図のように「たねまき期」「生育期」「開花・結実期」の3段階を経て成長していくと考えています。

　1つの段階をクリアすると次の段階へと移行するイメージです。

　本書では，学級がどの時期にあるのかを見極めるポイントと，その段階にふさわしい指導法を紹介しました。それは，学級の成長過程にあわせた指導法を行うことがとても大切だからです。

学級の成長過程

めざす学級像
＝
収穫

開花・結実期

生育期

たねまき期

　ある若く勉強熱心だけれども，まだ経験が浅い教師がいました。「授業には子供のつぶやきを生かすことが大切」と授業の達人から学び，自分自身の授業に生かそうとしたところ，次のような事態が起こりました。

- ●授業中に子供たちが挙手をせずに不規則発言をする。
- ●これを教師が肯定的に受け止め，その発言を拾う。
- ●子供たちの不規則発言が強化される。
- ●授業が成立しない状況になる。

　若手のクラスは「たねまき期」でした。その時期に大切にしたいのは，学習規律の徹底です。子供のつぶやきを拾うよりも，まずは学習の約束，ルールが子供たちに浸透することが優先課題なのです。

　授業の達人が受け持つ，育った「開花・結実期」のクラスと同じ指導方法

は適さないのです。たとえ同じ年月を過ごしていても，達人教師は，学級の子供たちに対して，半端ないほどきめ細やかな手入れをしています。だから，子供たちはぐんぐんと育っていきます。若い教師のクラスとは段階が異なっていたのです。

　また，ベテラン教師が，自身の成功体験をもとに，「子供の自主性を尊重することが大切だ。子供同士が注意し合って言いたいことを言い合える学級が本物だ」と初任者にアドバイスしたとします。

　初任者の先生が４月当初にこのアドバイスに基づいた指導をするとどうなるでしょう。クラスは，弱肉強食，居心地の悪い場となってしまいます。

　農作物を育てるには，畑を耕し，たねをまき，作物の成長に応じて，適切な時期に，適切な手入れをすることが必要です。

　そうすることで，豊かな収穫の時期を迎えることができるのです。

　学級を育てるのも同様です。子供たちや学級を成長に導くためには，段階に応じた適切な指導をすることが何より大切です。

　まずは，ご自身のクラスがどの時期まで育ってきたのか，それをしっかりと捉えて，それに合った指導を行っていただけたらと願っています。

　初任者の指導・助言にあたる先生方も，若い先生のクラスが現在，どの成長段階にあるのかを的確に見極めた上でアドバイスいただけたらと思います。

　本書には，学級の状態を捉えるためのフローチャート試案も用意しました。ご自身のクラスの捉え，指導方法を考える上で，本書が少しでも先生方の日々の指導のお役に立てれば幸いです。

著者　西田　智行

学級の成長段階チェック

それぞれの段階の特徴を以下に示します。

 ## たねまき期

教師主導で学びの構えをつくり，学級のルールを全体に浸透させる段階です。学級内に個がバラバラに存在している状態で，学級内に居場所がないと感じている子供がいます。

- 「ペアで相談しましょう」と言われても話し合わないペアがある。
- 授業中にすすんで挙手する子供が学級の30％程度。
- 発言中の声量や返事，あいさつの声が全体として小さい。

 ## 生育期

子供同士の人間関係が少しずつ形成され，気の合う友達同士でグループを形成します。一方で，グループは内向きであり，教師が手を入れなければ授業や休み時間にいつも同じメンバーで関わろうとします。

- 「このページが読める人」などの簡単な問いかけには全員の手が挙がる。
- 授業中に発言者を意識しながら聞くことができ，友達の意見につなげて話し合いができる。
- 全員のあいさつや返事の声が相手に届くレベルに達している。

 ## 開花・結実期

クラスに一体感が生まれ，自分たちの学級に誇りをもつようになります。クラスのメンバーの同質性が高まるのではなく，個性を互いに尊重しながらクラスの団結が深まった状態です。

- 「〇人組をつくりましょう」の指示で誰とでもグループがつくれる。
- 役割を決めていなくても学級の仕事を全員がすすんでできる。
- 学級が好きで，全員が居心地のよさを感じているので笑いが絶えない。

学級の状態チェック

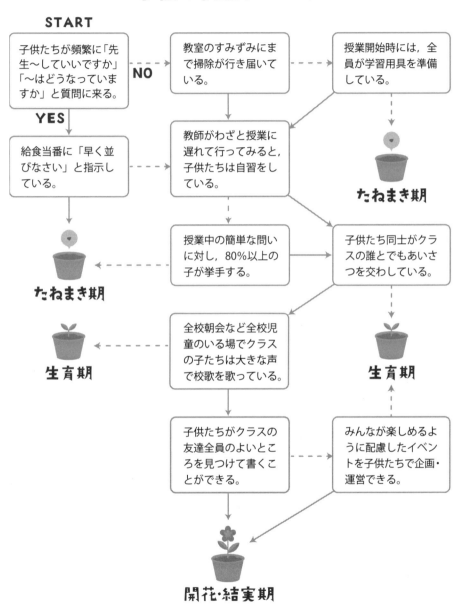

START

子供たちが頻繁に「先生〜していいですか」「〜はどうなっていますか」と質問に来る。

NO →

教室のすみずみにまで掃除が行き届いている。

授業開始時には，全員が学習用具を準備している。

YES ↓

給食当番に「早く並びなさい」と指示している。

教師がわざと授業に遅れて行ってみると，子供たちは自習をしている。

たねまき期

たねまき期

授業中の簡単な問いに対し，80％以上の子が挙手する。

子供たち同士がクラスの誰とでもあいさつを交わしている。

生育期

全校朝会など全校児童のいる場でクラスの子たちは大きな声で校歌を歌っている。

生育期

子供たちがクラスの友達全員のよいところを見つけて書くことができる。

みんなが楽しめるように配慮したイベントを子供たちで企画・運営できる。

開花・結実期

005

CONTENTS

第1章
「安定」と「安心」の土壌をつくる
「たねまき期」

第2章
活動の中で育ちを引き出す
「生育期」

第3章
教師の出番を減らし，子供に委ねる
「開花・結実期」

第1章

「安定」と「安心」の土壌をつくる
「たねまき期」

「安定」と「安心」の土壌をつくる 「たねまき期」の指導ポイント

 教師主導で学級の基盤をつくる（安定）

　学級づくりでまず大事にしたいことは，「周回軌道に乗せる」ということです。

　ここでの「周回」とは，１時間の授業の流れ，１日の生活の流れ，１週間の流れです。

　例えば

- ●朝の会の進め方
- ●授業の準備の仕方
- ●休憩時間の過ごし方
- ●給食の準備，片付けの仕方

など，挙げればきりがないくらい多岐にわたります。

　上記の内容などについて学習規律や生活上の約束を子供たちに示し，それを繰り返し徹底していくことで学級のシステムをつくっていきます。

　周回軌道に乗るにつれて，学級生活が安定し，子供たちが落ち着いて生活できるようになります。通常，４月の学級開きとともに取り組みます。

　学級生活が安定してきたかどうかの指標は，子供たちから，「あれはどうですか？」「これをしてもいいですか？」という質問が個別に出てこない状況になっているかどうかです。

　また，担任が１日学校を空けることになっても，子供たちが混乱せずに生活できるかどうかです。

周回軌道に乗せるまではかなりのエネルギーを費やします。

しかし，ここが教師の頑張りどころです。

しっかりした安定の基盤をつくりましょう。

教師と子供との人間関係をつくる（安心）

「学級づくりは人間関係づくり」だと提唱されているのが土作彰先生です。

私は土作先生から講座の中で，「ほめる，叱るよりも，まずは教師と子供との承認ベースの関係づくりが大切」ということを学びました。

指導のベースに，教師と子供との信頼関係の構築を置きます。

その信頼関係の土台が強固であればあるほど，教師の指導の効果は大きくなります。指導の効果には「ほめる」「叱る」も含まれます。

脆弱な土台しか築けなければ教師のほめ言葉も子供には響かず，叱責は反発を招く結果となります。大人の世界にも「何を言うかではなく，誰が言うかだ」という言葉があります。

承認の土台

「この人にほめられたらうれしい」，「この人に叱られたくないから頑張ろう」。こう考えるのは子供も同様です。いや，大人以上かもしれません。

子供にとっての「この人」になるために大切にしたいのが，「承認ベースの関係づくり」です。

子供一人一人の話を聞く，一人一人に声をかける。ささいな変化や成長に目を向ける。喜びや不安を受け止め，共感する。

承認の土台の上で子供たちは安心を感じ，意欲的に活動できます。

子供たちにかける「手間」を楽しみながら土台を築きましょう。

【参考文献】 土作彰編『学級づくり&授業づくりスキル　授業のミニネタ』（明治図書）

お互いを知らない時には
教師の価値観を子供たちにしっかり伝える

　出会ったばかり，お互いをまだ知らない学級開きの時期には教師の大切にしたい価値観をしっかりと伝えます。

　木で例えると，価値観は幹や根にあたります。

　幹や根が太く育つと，枝や葉が生い茂ります。

　枝や葉は子供の望ましい行動にあたります。

　１年間かけて子供の望ましい行動を引き出すために，しっかりと教師の価値観を伝えましょう。

 ## 価値観を伝えるためのポイント

伝えた価値に基づき，子供の行動を積極的に価値づけることで共有する。

 ## 指導の流れ

---

❶ 学級開きで教師の思いを伝える

　私が子供たちに大切にさせたい価値は「向上心をもつこと」と「利他の心をもつこと」です。

　子供たちに，まず「この１年間で今の自分よりも成長したいと考えている

人」と問い，挙手させます。

期待に胸をふくらませる新学期。おそらく全員の手が挙がります。

「周りを見てみましょう。全員が手を挙げています。先生も，このクラスのみんなに成長して欲しいと思っています。でも，先生ができるのは手助けをするだけです。一人一人が成長したいという『向上心』をもって努力していきましょう」と伝えます。

さらに，「先生は，出会ったみんなに今よりもずっと幸せな人生を送って欲しいと願っています。誰かに必要とされること，誰かの役に立つことが人にとって幸せなことです。これから成長して力を高め，高めた力を人のために使いましょう。これを『利他』と言います」と語ります。

❷ 行動を価値づける

始業式の日は荷物がたくさんあります。「今から教科書を取りに行きます。手伝ってくれる人」と立候補を募ります。立候補した子を「みんなのためにありがとう。これが『利他』の心です」とほめます。

連絡帳を丁寧に書いている子や，背筋をピンと伸ばして話を聞いている子は「新しい学年で頑張ろうという『向上心』に満ちあふれています」とほめます。

このように，子供の行動を具体的にほめながら，価値づけます。

抽象的な価値観を具体的な行動レベルに落とし込み，子供たちに伝えることで，価値の共有をはかることができます。

❸ 復唱させる

黒板に書いた「向上心」と「利他」の字を消します。そして，「ここには何と書かれていたでしょう。隣の人と確認しましょう」と言います。

下校前にも「今日，先生がみなさんに大切にして欲しいと伝えた2つのことは何だったでしょう。これが言えないと帰れません」と言います。

しつこく何度も復唱させ，教師の大切にしたい価値を意識づけましょう。

お互いを深く知らない時には
「写真メッセージ」で子供と価値観を共有する

　子供たちに，ノートやプリントを提出させます。

　ノートやプリントの向きや，端はそろっているでしょうか？

　教師は提出をする際には「そろえて置くことが望ましい」というイメージをもっています。しかし，子供たちは必ずしもそうではありません。

　そのイメージのズレこそが指導事項となります。

　子供たちに大切にして欲しい価値を教師は行為レベルでイメージします。

　そのイメージを子供と共有することで，子供たちの望ましい行為・行動が引き出されます。

 教師と子供が価値観を共有するためのポイント

> 行為レベルで「見える化」する。

 指導の流れ

---

❶ 望ましい場面の写真を撮り，紹介する

　始業式の放課後，机といすがそろっている様子を写真に撮ります。

　その翌日，「これは昨日の放課後の佐藤

さんの机といすの様子です」と言って写真を提示します。

　「あまりにも机といすがきれいにそろっていたので，思わず写真を撮りました。佐藤さんは机といすだけではなく，引き出しの中のものまできちんとそろえていました。素晴らしい！　そろっていると気持ちがいいですね」としっかりほめます。この時に，「丁寧な人は伸びます。丁寧さが向上心につながります」と価値につなげます。

❷ 再び写真を撮り，翌日ほめる

　指導した日の帰りは，より多くの子が机といすをそろえることを意識します。

　そこで，放課後に再び写真を撮ります。翌日，「昨日はもっとたくさんの人が机といすをそろえて下校していました」と伝えます。

　その上で「多くの人が昨日の佐藤さんのよさを真似していました。すぐに真似できるのは心の素直な人。心の素直な人は向上心のある人です。先生は放課後の教室でめちゃくちゃうれしくなりました」とさらに価値につなげてほめます。

　このように，繰り返し「強化」することで定着をはかります。

補足

　望ましくない状態の写真も有効です。例えば向きがそろっていない提出物。「見てくれる人のためにそろえる」と，大切にしたい価値の一つである「利他」と結びつけ指導します。価値に基づく指導は一つ一つの行為を具体的に指導するよりも，他の場面に転移しやすくなります。

どんな先生だろうと思われていそうなら
「学級通信２号」で子供と保護者に安心感を与える

　「今年の担任はどんな先生だろう？」ということは保護者にとって重大な関心事です。早めに，「いい先生でよかった」という安心感をもっていただきたいものです。

　そこで活用したいアイテムが学級通信です。おそらく担任の自己紹介などを書いた１号を始業式の日に配付するでしょう。大切なのが２号です。２号で，子供一人一人のよさを具体的に伝えます。すると，子供にも保護者にも「先生は，わが子のことをしっかり見て，ほめてくれる」と安心感と信頼感を与えられます。

学級通信で保護者に安心感を与えるためのポイント

> 一人一人のよさを具体的なエピソードとともに伝える。

指導の流れ

❶ 子供の名前を事前に覚えておく

　まずは子供の名前を覚えます。私は始業式までに名簿を見ながら何度も暗唱し，車の信号待ちにも「出席番号10番までチャレンジ」，「次は15番まで」と「自分テスト」をして覚えます。

❷ ほめるポイントを決めておく

　始業式の日の流れを考える際に，子供のどんな行動をほめるのか，予め決めておきます。「しっかりと担任の話を目を見て聞くことができる」，「挙手がまっすぐ」，「背筋がピンと伸びている」，「字が丁寧」などです。

　ほめるポイントが明確だと子供のよさが目に入りやすくなります。

❸ 声に出してほめ，記録しておく

　始業式の日に，ほめるポイントの行動が見られたら，「井上くんの挙手は美しい。やる気が感じられる」と声に出してほめます。しっかり声に出すことで自分の記憶にも残り，後からほめた内容を想起しやすくなります。

　座席表を用意しておき，井上くんの欄に「挙手◎」とさっと書いておくとさらに思い出しやすくなります。

❹ 学級通信を作成する

子供たちの素敵な姿

　始業式の日は担任も緊張します。特に，初めて子供たちの待つ教室に入る時。■■■さんは私が教室に入ると真っ先に拍手をしてくれ，とてもうれしく感じました。

　「教室の窓を開けましょう。」と私が言うと，■■■さんがさっと動きました。誰かがやるだろうではなく，すすんで動ける姿勢が素晴らしい。

　配付物がたくさんありました。■■■さんは後ろの■■■さんに「どうぞ」と言ってプリントを渡していました。■■■さんは「ありがとう」と言って受け取っていました。見ていてあたたかい気持ちになれました。■■■さんは私がプリントを渡すと両手で受け取り「ありがとうございます。」と言い，礼儀正しいなと感心しました。

　宿題を出すときには，■■■くんは提出物の向きに気を配っていました。意識が高い！

　担任の話を■■■さんは常にうなずきながら聞いていて感じが良いなと思いました。また，■■■さんは担任の問いかけに対し，素早く手を挙げます。よく話を聞いているから反応が良いのだと思いました。

　１年間使う教科書に丁寧に名前を書きました。■■■くんは太くて堂々とした字で丁寧に書いていました。やる気が伝わってきました。■■■くんは足の裏を床につけ，とてもよい姿勢で字を書いていました。「足の裏がついていて立派！」と伝えると，■■■くんも姿勢をさっと直しました。素直な心の持ち主だなと思いました。

　始業式のことを翌日に名前入りで伝えます。このスピード感に保護者の方は驚かれます。紙幅の関係で紹介できなかった子は，さらに翌日の３号でなど，遅くとも１週間以内に全員の名前とよさを伝えるとよいでしょう。

04

不安な様子が見られたら
「自己紹介」はやめた方がよい

　学級開き直後，まだ人間関係のできていない中で，みんなの前で自己紹介をするのは，ハードルが高いことです。「みんなの前で自己紹介をするのが嫌だから学校に行きたくない」と，登校をしぶる子もいます。

- クラス替えが行われた直後でお互いによく知らない友達がいる。
- 前の学年からの引継ぎで「人前での発表が苦手」という子がいる。

　このような場合は，子供たちの不安が大きい状態です。

　１人ずつ前に立たせての自己紹介は，まだやめておきましょう。

 ## 不安にさせない自己紹介のポイント

> 子供の代わりに教師が「自己紹介」をする。

 ## 指導の流れ

❶ 目的を伝える

　「今から自己紹介をします」と子供たちに伝えます。子供たちから「えーっ!?」という声が聞こえます。

　「自己紹介といっても，前に立って話す必要はありません。先生がみんなの代わりにみんなのことを紹介します」と説明します。

すると「それならいいや」「よかった」という声が聞かれます。
用意していた紙（Ａ５サイズで十分です）を配ります。

❷ アンケートを書かせる

全員に１枚ずつ紙を配ります。「今からみんなにアンケートをします」と
伝え，次のようなことを書かせます。

- ・好きな食べ物　・苦手な食べ物　・好きな動物
- ・よく見るテレビ番組　・好きな有名人　・みんなに伝えたいこと
（項目は子供の実態によって変えます）

「『今はみんなに知られたくないな』ということがあれば，無理をして書か
なくてもいいです」と伝えておくと子供たちの不安は軽くなります。

❸ 紹介クイズをする

アンケートを集めたら，紹介タイムです。
「自分と共通点が見つかると，その人と話すきっかけになって仲良くなれ
そうですね」と伝えておくと期待が高まります。
「私は肉が好きです。なすびが苦手です。…さて，私は誰でしょう？」と
クイズ形式で名前は最後に明かすようにすると盛り上がります。
ここが教師のトークの腕の見せどころ（笑）。
- ●「えっ，この人もハムスターが好きなの？　君たちは『ハムちゃンズ』」
- ●「なすびが嫌い？　君たちは『なすびーズ』」
などと教師が楽しい雰囲気で子供同士をつなぎます。

補足

隙間時間や，社会科見学のバスレクとしても使えます。

関わりの輪を広げる

05

人間関係が固定化していたら
席替えは先生が行う

　学級開きから1か月後を目安に席替えをします。

　席替えには，くじ引きや「お見合い方式」などの方法があります。

　どの方法をとるのかは，クラスの人間関係の状態によります。例えば，授業中に子供たちへ「〇人組をつくりましょう」と指示を出します。

- いつも仲良しの友達とだけ固まる。
- 誰とも組めずに立ち尽くす子がいる。
- 男子は男子，女子は女子で固まる。

　このように，人間関係が固定化している状況が見られたら，くじ引きのような運任せ，お見合い方式のような子供任せでの席替えはやめましょう。

人間関係固定化改善のためのポイント

> 意図的・計画的に子供の人間関係をつくったり，広げたりする。

指導の流れ

❶ 目的を伝える

　「心理学に『単純接触効果』という言葉があります。今はあまり親しくない人とでも，一緒に話したり活動したりする回数を増やすことで，もっと仲

良くなれます。先生は，このクラスのみんなが仲良くなって欲しいと思っています。そのため，みんなの仲が良くなるまで席替えでは先生が席を決めて，毎回違う人とグループになってもらいます」と目的を伝えます。

❷ グループの発表

　事前に，決めておいたグループ（４人組程度）を発表します。グループは普段から一緒に行動している仲良し同士は離す，孤立しがちな子は気の合いそうな子の近くにする，と個別の配慮をしながら意図的に決めます。

❸ 座席の決定

　右図のように，教室の座席配置図を示します。そして，各グループに，どの場所に座りたいのかを話し合わせます。

　すべてを先生が決めるのではなく，自分たちも席替えに参画したという意識をもたせることが大切です。視力の悪い子がいれば黒板の近くを希望するなど，各グループ

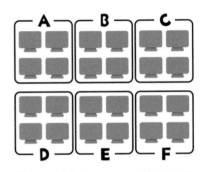

で友達に配慮しながら話し合わせましょう。グループ内で，４つの席のどこに誰が座るかは子供たちに決めさせてもよいでしょう。ただし，男女をもっと仲良くさせたいという意図があれば，「隣同士は異性で座る」などの条件をつけてもよいでしょう。

補足
- -

　教師が決めるのは「クラスみんなが仲良くなるまで」との条件付きです。私は，みんなが仲良くなった学級で，３月は毎日，席替えアプリを使って席替えをしました。

たねまき期　●　学級開き

06

不規則発言が聞かれたら
聞く態度を徹底する

学習規律の第一は，まず聞くことです。

● 教師の発問に対してすぐに答えを言う。

● 教師の説明の途中に口をはさんでくる。

このような不規則発言が聞かれたら，まずは「聞く」ための指導を徹底します。目立ちたい，知っていることをアピールしたい，かまって欲しい，または反射的に言葉が出てしまう。不規則発言をするのには様々な理由があるのでしょう。しかし，これらは授業の妨げになります。落ち着いて学習する環境をつくるために不規則発言はやめさせましょう。

不規則発言をさせないためのポイント

不規則発言を見逃さないが相手をしない。

指導の流れ

❶ 発問とセットで「予告指示」をする

例えば「ろうそくが燃えた後のコップの中の空気は燃える前と同じでしょうか」と発問をした後に，「自分の考えを黙ってノートに書きましょう」と，言葉を発してはいけないという予告を含めた指示を付け加えます。

子供たちが不規則発言をする要因の一つに，「指示のあいまいさ」があります。事前に「黙って」と指示に約束を付け加えることで不規則発言を未然に防止します。

❷ 許さない

　それでも，発問に対してすぐに答えを言った子がいたら，見逃しません。「先生は『黙ってノートに書く』と言いました」ときっぱり指導します。

　いくらよい意見だったとしても，その意見を取り上げてはいけません。

　また，教師の説明の途中に口をはさんでくるような子がいたら，そこで説明をやめます。そして，

　「○○くん，それではここから先は君が前に立って説明をしてください」と伝え，教師は黒板の前から教室の後方へ移動します。教師が教師であることを放棄するような姿勢を見せるのです。

　多くの子はこの時点で「しまった」という表情をします。

❸ なぜ不規則発言が許されないのか説明する

　「人は考えている時が一番賢くなるチャンスです。考えている時，みんなは頭の中の引き出しからいろいろな知識を探し，答えを導き出そうとしています。そうして考えた上で，正しい答えを知ることでさらに人は賢くなり，成長していきます。だから，友達が考えることを邪魔するような発言をしてはいけないのです」と伝え，授業中に不規則発言をしないという学習の約束を確認しましょう。

補足

- -

　子供の声を拾って授業を進めるのがよいとも言われます。しかし，学習の約束が浸透することの方が優先です。どうしても，子供の自由な意見で授業がすすめたかったら，ペアでの相談の時の声を拾うなどするとよいでしょう。

07

聞き方が悪ければ
繰り返し指導する

授業では話す機会よりも聞く機会の方が圧倒的に多くあります。

聞くことは，外部から新たな情報を取り入れ，新たな考えを構築する行為です。子供たちが教師や友達の話を聞く際に，

● 話す相手を見ずに，手悪さをしている。

などの様子が見られたら，聞く指導を行います。聞く指導を粘り強く繰り返し行うことで，子供たちをよい聞き手に育てましょう。

 ## よい聞き手を育てるポイント

- -

> あえて悪い聞き方をさせることで，よい聞き方を意識化・言語化する。

 ## 指導の流れ

- -

❶ 悪い聞き方をさせてみる

「今から先生が話をします。できるだけ悪い聞き方で聞きましょう」と言います。悪い聞き方が許されるという状況に，子供たちは大喜び。

１分間の教師の話の最中，子供たちはタブレット端末を操作したり，髪の毛をいじったり，隣の人とこそこそ話をしたりするなど，思い思いの「悪い聞き方」をします。

１分後，「終了です」と告げ，「一番感じが悪かったのは〇〇くんです。先生が一生懸命に話している目の前で大きなあくび。信じられません。拍手！」と「感じ悪かった大賞」を発表します。みんな大爆笑です。

❷ よい聞き方を確認する

「それでは，次に最高の聞き方で先生の話を聞きましょう」と言い，先ほどと同じように１分間話します。

子供たちは話し手である教師の方をしっかりと向き，うなずいたり，「えーっ」というような反応を返したりしながら最高の聞き方をします。

１分後，「終了です」と告げ，「みんなが聞いてくれるのでとてもうれしくなりました」と感謝の思いを伝えます。そして，「どんなことに気をつけて聞きましたか」と子供たちに問いかけます。「話す人の目を見て聞きました」「反応しながら聞きました」「手悪さをせずに聞きました」などの答えが返ってきます。

❸ 言語化する

子供たちのよい聞き方を短いキーワードにまとめます。

土作彰先生は，よい聞き方を「向く」「書く」「うなずく」という３つのキーワードに集約されています。聞く指導は粘り強く何度も行う必要があるので，子供たちが意識しやすいように短いキーワードでまとめるとよいでしょう。

「みんなはよい聞き方，悪い聞き方のどちらで聞いて欲しいですか（どちらかに挙手させる）。もちろんよい聞き方ですね。先生もみんなもＡＩではありません。感情がある人間です。よい聞き方をしてもらえるとうれしくなります」と伝えます。この「ＡＩではありません」が聞く指導の決め言葉になります。以後，聞き方が悪いと感じたら「私はＡＩではありません」ときっぱりと注意し，よい聞き方を意識させます。

【参考文献】 土作彰著『情熱―燃えるレッドの学級づくり　全力で子どもを伸ばす！クラス担任術』（明治図書）

08

教師を意識して発言する様子が見られたら

話し手を育てる

　授業中に，指名された子が，教師の方を見て小さな声で発言する様子をよく目にします。それを教師が引き取って，クラス全体に返していく。

　一見教師が子供の発言を大切にしているかのようなこのやりとりが，クラスの子供たちに聞かなくても済む状況をつくり出します。

　また，前に出て発言する子が黒板の方を見て，小さな声で長く説明する様子も見られます。聞き手は置き去りです。

　子供たち同士の「聞き合う関係」をつくりましょう。

「聞き合う関係」をつくるポイント

> よい話し手を育てるとともに，復唱で聞き手を育てる。

指導の流れ

❶ 話し手への指導

　まずは話し手の目線指導です。子供たちに，前に出て説明させる際に黒板の方を見ながら話す子がいたら，ユーモアたっぷりに，「あなたの相棒は黒板ですか？」と言います。そして，聞く人の方を見て話すように指導します。

　さらに，短く話すことを意識させます。子供たちは「正方形の面積の公式

は，一辺×一辺で，この部分は正方形なので…」と長く話します。

これを「正方形の面積は一辺×一辺ですよね」と一文を短く話すようにさせます。

その上で，聞き手には「はい」と返事をする，うなずく，首をかしげるなど反応することを促します。

❷ 聞き手を育てる復唱

子供が発言する際には，教師はどこを見るとよいのでしょうか？

話している子だけを見ていてはいけません。聞き手の子供たちを見るようにしましょう。

しっかり聞いていた中野くんを，安達さんの発表後に指名。「今，安達さんはとってもよいことを言ったね。何と言っていた？」と復唱させます。

上手に復唱できたら「さすがです。中野くんはしっかりうなずきながら安達さんの話を聞いていたね。発表した安達さんも話し方が上手だったね。安達さん，中野くんが聞いてくれていてうれしいね」と両者をほめます。

時には「聞いていないだろうな」という田中くんも指名します。田中くんは復唱できません。そんな時は「言える人」と他の子を指名し復唱させます。その上で，田中くんに，再度復唱させます。「一度目は言えなかったけれど，二度目は完璧。これが成長です」とほめることができます。

「それってつまりどういうこと？」「これをズバリ一言で言うと？」と復唱のさせ方次第で，要約しながら聞く力を高めることもできます。

「聞き合う関係」は「効き合う関係」です。自分の話を友達がしっかり聞いてくれたということは大きな達成感と成就感を生み，友達との信頼関係も育ちます。

友達への注意が頻発していたら
教室の秩序を安定させる

- 「〇〇くん，静かにして！」，「〇〇さん，早く並んで！」など教室中に大きな声で友達を注意する声が響く。
- 宿題チェック係が，「〇〇くん，宿題を出してください」と一生懸命に「係の仕事」をする。

このような状態は要注意です。

「子供同士が注意し合えるクラスが本物」と考える人もいるようです。

しかし，子供同士が注意し合うと，教室が子供たちにとって居心地の悪い場所になります。生徒指導上のトラブルや不登校傾向の子を生み出す可能性もあります。まずは教室内にフラットな状態の人間関係をつくりましょう。

フラットな人間関係の教室にするためのポイント

> 「先生の仕事」である注意をさせない。

指導の流れ

❶ 注意するのは「先生の仕事」と教える

「あなたも注意されるようなところがたくさんあるでしょう」というツッコミどころ満載の子も含め，友達を注意する子は多くいます。

例えば，教師が話をしようとします。それでも私語を続けている山本くんに対して，「山本くん静かにっ！」という注意をする子がいます。

　そのような時には，注意をした子に，「注意は先生の仕事です。先生の仕事をとらないでね」と伝えます。

　その後も，友達に注意をする子がいたら「注意は先生の仕事」と合言葉のように繰り返します。

❷ 友達の仕事を教える

　「注意は先生の仕事」と教えた後で，「友達の仕事」を教えます。

　「友達の仕事」の一つは，教えてあげることです。

　「これから先生はみんなに対して遠慮なく『注意する』という仕事を発動します。友達が先生に注意される前に，『静かにした方がいいよ』『早く並ぼう』と声をかけましょう」と話します。

　声をかけることは，相手に関心をもち，高め合う行動です。注意とは口調も違います。

　「友達の仕事」のもう一つは，励ますことです。

　「先生に注意された友達がいたら，『次に気をつけたら大丈夫だよ』『ドンマイ』とさりげなく励ましてあげましょう」と話します。

　担任との関係は1年で終わります。しかし，友達とは同級生としてこれからも長く付き合います。だからこそ友達とは注意し合うのではなく，教え合い，励まし合うようなよい関係をつくることが大切なのです。

補足

- -

　友達に対して，何でもかんでも注意をしてはいけないというわけではありません。友達が危険なことをしている時，友達が意地悪をしている時などあえて注意をしないといけない場面もあります。そんな場面に心を鬼にして注意できるのもフラットな関係だからこそです。

 たねまき期 ● 規律

チャイムと同時に授業が始まらなければ
「用意，ドン」で時間意識をもたせる

　授業開始のチャイムが鳴っているのにもかかわらず，次のような子供の姿は見られませんか？

- ●教室の後ろに社会科の資料集を取りに行っている。
- ●のんびり水筒のお茶を飲んでいる。
- ●ノートを開かず，代わりに口を開いておしゃべりをしている。

　授業の間の短い時間は「休み時間」ではなく，次の授業の「準備時間」です。「準備時間」を機能させ，チャイムと同時に授業を始めるようにします。

 ## 改善のためのポイント

- -

> 「用意，ドン」を合言葉にし，時間への意識を高める。

 ## 指導の流れ

- -

❶ できていない状況を自覚させる

　授業開始のチャイムが鳴った瞬間に，子供たちに大きな声で次のように言います。

　「ストップ。全員，止まります。石になりましょう」

　そして，「何か気がつくことはありませんか？」と問いかけます。子供た

ちから意見が出なければ，「今，チャイムが鳴りました。授業の準備ができている人は5人でした」と伝えます。もちろん，その間も「石」になったままです。立ったままの子もいれば，机の上に何も出ていない子もいます。このようにして，準備ができていないという状況に気づかせます。

❷ 「用意，ドン」の大切さを伝える

全員座らせ，元気のよい子を1人，前に出します。そして，「教室の窓側から廊下側まで走ってくださいね」と伝え，いきなり「ドン」と言います。前に出た子は，戸惑いながら走り出します。

次に，「もう一度お願いします」と言い，今度は「用意，ドン」と合図します。すると，「用意」で構え，「ドン」でスムーズに走り出します。

その子に，「1回目と2回目のどちらが走りやすかったですか？」と聞きます。きっと，「2回目」と答えるでしょう。

ここで，子供たちに「運動会でも『ドン』の合図で走るためには，『用意』が大切ですね。授業も同じです。チャイムが『ドン』の合図。ここで走り出せるよう，しっかりと『用意』をしましょう」と話します。

❸ 「用意の約束」を決める

子供たちに「チャイムと同時に授業を始めるためには，どんな用意をしますか？」と問いかけます。「トイレを済ませておく」，「座っておく」，「ノートを開いておく」などの意見が出てくるでしょう。これらを集約し，「用意の約束」として，定着するまで掲示して繰り返し指導しましょう。

補足

- -

授業開始の他に，帰りの会で日直が立っていてもダラダラと帰りの支度をするなど時間意識の欠如は様々な場面で見られます。大切なのはスルーしないことです。「今は『用意』の時間ですよ」と繰り返し声をかけましょう。

掃除を一生懸命にしていなければ
徹底して「しつける」

　掃除の時間は，黙って時間いっぱい取り組むことを徹底します。

　掃除の時間に教師は様々な場所を巡回します。そのため，子供にとっては授業中ほど教師に見られていない状態になります。かといって休み時間ほどの自由さもありません。いわば「グレーの時間帯」です。

　この「グレーの時間帯」の指導がうまくいかなければ，学級のムードが乱れた雰囲気になることを自覚し，子供たちが一生懸命に掃除に取り組むよう指導を徹底しましょう。

掃除の指導を徹底するポイント

掃除中に子供たちが空白の時間をつくらないようにする。

指導の流れ

❶ 学活の時間で掃除指導をする

　学活の時間を1時間使って掃除の指導をします。

　掃除場所の分担の説明をするのではありません。掃除の仕方を指導するために1時間を使うのです。

　ほうきや雑巾などの用具の使い方や手順を，次ページのような図を使った

り，実際に実演したりして指導します。

　例えば，右図は教室ですが，ほうきはA，B，Cの3人。矢印の範囲を掃除していきます。雑巾はD〜Iの6人です。机1列ずつの幅を拭いていき，机を移動させます。

　このように，それぞれが動く範囲も細かく決めておきます。

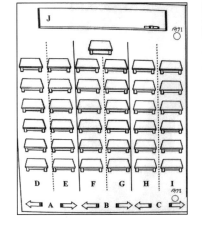

❷ 早く終わったらどうするかの約束

　自分の担当の場所の掃除が終わったらどうするかということは必ずおさえておきます。空白の時間をつくってしまうと子供たちは遊んでしまいます。

　初期の段階では，「他の場所を手伝う」「自分で汚れを見つける」などのあいまいさのある約束にはしません。

　これを認めると，子供たちは「友達の場所まで手伝いに行く」「仕事を見つける」という目的でうろうろと歩き回るようになります。

　「早く終われば同じ場所で同じ作業をもう一度繰り返す」としておくとよいでしょう。

❸ 教師は子供と一緒に掃除をする

　掃除の時間に教師は子供たちと一緒に掃除をします。

　私は基本的に雑巾がけをします。

　教師が膝をついて一心不乱に雑巾がけをする横で遊ぶ子はいません。

　一緒に掃除をすると子供たちの頑張りもよく見えます。たくさんごみを集めた子や，雑巾が真っ黒になるまで拭き掃除を頑張る子をしっかりとほめ，達成感を味わわせます。

　子供は掃除が嫌いなのではありません。何をやったらいいのかわからない，やっているのに効果が見られないということが嫌いなのです。

クラスが始まったばかりならば
急いで係活動を行わなくてもよい

係活動をめぐって，次のような様子は見られないでしょうか。

● チェック係が，宿題を忘れた子，整理整頓をしていない子に注意する。

● 遊び係になった子が，「昼休みにはみんなでドッジボールをするので必ず集合してください」と強制し，遊び中も強い口調で仕切る。

学級開き直後に子供たちに任せて係活動を決定，活動開始としてしまうと，このような状態が生まれやすくなります。

係活動は急いで決定しなくても大丈夫です。担任の願いや，子供たちの学級目標がクラスに浸透してきたなと感じた頃にスタートさせます。

友達とつながる係活動のポイント

> 係内とクラス内で思いを共有する時間をとる。

指導の流れ

❶ 係活動の目的を伝える

係活動は，学級生活の充実と向上のために子供が創意工夫して取り組むものです。私は「自分のできることや得意なことを通して，クラスのみんなに貢献するのが活動の目的です」という話を子供たちにします。

チェック係などの，教師の手伝いをする活動は予め除外します。

❷ グループ決定

　係については，子供たちに経験してきたものを想起させます。しかし，子供たちの経験の幅はそんなに広くありません。

　教師が「このような活動をしても面白いよ」と紹介すると，子供たちの発想の幅が一気に広がります。

　どの係に所属するかは子供たちの希望で決めます。

❸ クラスのみんなとの共有

　係ごとに，設立目的や活動方針，活動内容を話し合わせます。

　その後，クラスのみんなの前でそれらをプレゼンします。

　設立目的は「このようなクラスにしたいからこんな活動をします」と，みんなへの貢献を中心にします。

　また，「いつ」「どこで」「何をするのか」が明確でなければたくさん質問を浴びることになります。

　プレゼン後に，みんなから承認された係から活動開始となります。

補足

- -

　この時期は，ゆるやかに人間関係をつなぐことが大切です。遊び係が「みんなで遊ぶ日」を設定し，全員参加を求めたら，「はじめは希望者のみで遊ぶといいよ」とアドバイスします。全員参加にするかどうかは，クラス全体に関わることです。学級会で，みんなの意見をもとに決めるようにします。

たねまき期 ● 当番・係活動

1人になりがちな子がいるなら
「おしゃべり会」で関わり合いを増やす

　クラス替えがあった場合，仲が良かった子と違うクラスになり，不安な思いを抱く子や，1人になりがちな子がいたりします。

　教師が一緒に遊び，子供同士をつなぐ役目をすることも大切ですが，教師がいつも子供たちと一緒に遊べるわけではありません。

　そこで，子供相互が関わり合う場を意図的につくります。

　教師が意識しなければ，1人の子供が1日のうちに関わる人は意外と限られているものです。

　人間関係づくりの第一歩は，お互いを知ることからです。子供たちにとって教室を安心できる場所にするため，関わり合いの量を増やしましょう。

 ## 子供相互の関わり合いを増やすためのポイント

　たくさんおしゃべりをさせる。

 ## 指導の流れ

---

❶ 「おしゃべり会」の目的を知らせる

　「クラスのみんながお互いのことをもっと知り，仲良くなるために，『おしゃべり会』を開きます。いつもあまり話さない人ともおしゃべりをしっかり

楽しみましょう」と目的を伝えます。そして，机・いすを後ろに下げ，教室に広いスペースをつくります。

❷ 血液型に分かれておしゃべりを楽しむ

　Ａ型，Ｂ型，Ｏ型，ＡＢ型，不明のグループに子供たちを分けます。

　おしゃべりのテーマは「□型のトリセツ」です。「自分たちってこんなところがあるよね」とそれぞれの性格について話し合います。

　時間は５分程度。時間になったら，それぞれのグループに「トリセツ」を紹介してもらいます。

❸ 生まれ順に分かれておしゃべりを楽しむ

　「長男・長女」，「末っ子」，「中間子」，「一人っ子」のグループに分かれておしゃべりを楽しみます。テーマは「生まれ順あるある」です。

　生まれ順による傾向はどの家庭でも共通しているようで，おしゃべりがとても盛り上がります。血液型の話題以上に共感し合います。

　これも終わったらどんな話題が出たか発表してもらいます。

❹ 振り返りをする

　「あまり話したことがなかった人と話せてよかったです」，「みんなのことをいろいろと知れてよかったです。またいっぱいおしゃべりをして友達を増やしたいです」などの感想が出されます。

　「仲良くなるためには，お互いのことを知ることが大切です。普段からいろいろな人とおしゃべりをしましょうね」とまとめます。

レク・ゲーム

友達への関心を高める

14

周囲への関心が低ければ
「ペア漢字ゲーム」で関わり方を教える

クラスに欠席した子がいる時は，子供たちの動きを見るチャンスです。

授業中に，「○○について，ペアで相談しましょう」と指示します。

隣の子がいない子はひとりぼっちです。

● 「一緒に話そう」と声をかける子がいない。

● 1人になった子が，自分から「入れてくれる？」と働きかけない。

このような状況が見られたら，他者への関心や働きかける力が低い状況です。

他者への関心を高め，関わり方を教えるためのポイント

> ペア漢字ゲームで，友達を気にかけ，働きかけることを教える。

指導の流れ

❶ カードを配り，ルールを説明する

事前に，クラスの人数の半分の数の熟語を考えます。そして，その熟語に使う漢字，1字ずつをカードに書きます。そうすると，クラスの人数分の漢字カードができることになります（2回戦分用意できると完璧です）。

子供たちに，「今から，1人1枚ずつカードを配ります。『車』と『庫』で

『車庫』ができるように，自分のカードと組み合わせたら２字の熟語ができるペアを見つけましょう。ペアができたら座ります。全員がペアを見つけ，座ることができたらゲームクリアです」とルールを説明しましょう。

❷ ゲームの様子を撮影する

「スタート」の合図でゲームを始めます。クリアするまでのタイムを計測しましょう。この時に，子供たちの様子をしっかり観察します。

相手が見つかり，安心して談笑するペアもいます。一方で，ペアが見つかったのにもかかわらず，「何という字が残っているの？　わかりやすく相手に見せるといいよ」という声をかける子もいます。また，「これとこれで『運命』になるんじゃない？」とアドバイスする子もいます。その様子を動画や写真におさめておきましょう。

❸ 振り返り，価値づけをする

ゲームが終了したら，クリアまでにかかった時間を発表します。

そして，動画や写真を使い，ペアができずに困っていた友達に声をかけた子を紹介します。「自分はペアができていたのに，積極的に友達に声をかける人がいました。このよう

な動きを，周囲に『関心をもつ』，『働きかける』と言います。こういう動きができるともっといいクラスになります」と伝えましょう。

ここで，「時間がもう少しあるけれど，２回戦やりたいですか？」と投げかけます。きっと「やりたいです」という返事が返ってきます。

２回戦は，１回戦よりもタイムを短縮することを目標にします。働きかける子が増え，写真のように１回戦よりも子供同士の距離が近づきます。協力してタイムを短縮できたこと，働きかけたことをみんなで喜びましょう。

みんなで学ぶよさを実感させる

授業への参加度が低ければ
「言葉集めゲーム」をみんなで学ぶ

授業への参加意識が低い子がいます。

● わかっているのに，話し合いの時に挙手しない。

● グループで話す際に，積極的に話す子の陰に隠れて参加していない。

このように，「お客さん」となっている子が目立つ時は指導のチャンス。

ゲームを通して，みんなで学ぶことの意義も伝えましょう。

 ## みんなで学ぶ意義を確認するポイント

言葉集めゲームを通して「集合知」を体感させる。

 ## 指導の流れ

❶ 言葉集めゲームのルールを説明する

黒板に「○ん○ん」と書いた紙を提示します。

「○の中にひらがなを入れて４文字の言葉（物の名前・名詞）をつくります。ただし，『かんかん』や『てんてん』のように，繰り返す言葉は禁止です」と言葉集めゲームのルールを説明します。

そして，「３分間でノートにできるだけたくさん書きましょう。後で１人１つずつ，友達とかぶっていないものを発表してもらいます。このクラスは

30人なので25個以上言えたらクリアです」とクリアの条件を示します。

　３分経ったら自分がノートに何種類書けたか言葉の数をメモさせます。

❷ 発表させる

　発表する人には「かんきん。人を閉じ込めることです」など意味も説明してもらいます。こうすることで語彙力アップにもつながります。

　子供たちは「あんどん」，「てんどん」，「ざんきん」と１人１つずつ発表します。自分が書いていたものがすべて言われてしまった子には「もう全部言われました」と言わせます。

　友達が発表したもので，自分のノートに書いていなかったものは必ずメモさせます。

❸ 振り返りを行う

　全員の発表後，目標の数には到達しないかもしれません。

　しかし，このゲームの意義はクリアすることではありません。

　「残念ながら目標には到達しませんでしたね。でも，友達の発言をメモして，はじめに自分が書いた数よりも増えたという人は手を挙げます」と言います。すると全員が手を挙げるはずです。

　「全員が，友達のおかげで言葉を知って賢くなれました。勉強は１人でもできます。ではなぜ学校では教室にみんなが集まって勉強するのでしょう」と子供たちに問いかけます。

　子供たちの発言を聞いた後で，「こうやって全員が自分の考えを伝え合って共に賢くなるためです。これが学校で勉強するよさです。授業でも，自分の考えをどんどん発表して全員が賢くなりましょう」とまとめます。

❹ さらなる課題にチャレンジ

　「○ん○ん○ん」の言葉をクラスみんなで話し合って10個見つけます。「全員で考えたらきっとできるよ」とチャレンジ意欲を高めます。

「おはようございます」が無表情なら
あいさつを鍛える

　子供たちのあいさつに対する自己評価は意外と高いように感じます。

● 教師のあいさつに対し，無表情かつ小さな声であいさつを返す。

　このような状況だと，教員は「あいさつができていないな」と感じます。

　しかし，子供たちは「あいさつができた」と自己評価をします。

　子供たちに「これがよいあいさつなんだ」と教え，気持ちのよいあいさつができるようにしましょう。

 気持ちのよいあいさつができるようにするためのポイント

> あいさつの意味を教え，よいあいさつの仕方を教える。

 指導の流れ

❶ あいさつの意味を教える

　授業で子供たちに，様々なあいさつの意味を考えさせます。

　「おはようございます」は，「朝早くから頑張って立派ですね」と相手をねぎらうほめ言葉です。

　「こんにちは」は，「今日はご機嫌いかがですか？」と相手を気にかける言葉で，「おやすみなさい」は，相手の体調を気遣っての善意の命令語です。

あいさつは「あなたのことを心にかけていますよ」という心遣いの言葉です。あいさつは「あったか言葉」であり，「あったか行動」なのです。

　「心にかける」の反対は無視・無関心なので，あいさつをしないという行為は，相手の存在を認めないということと同じです。

　このように，あいさつの意味を改めて考えさせることで，あいさつの大切さを教えます。

【参考文献】　野口芳宏著『小学生までに身につける子どもの作法』（PHP研究所）

❷　「あいさつリレー」で声を出させる

　指導したことを定着させるためには，「指導→確認→評価」のサイクルが大切です。

　また，土作彰先生は，「指導の対象の規模を小さくすること」が向上させる決め手だとおっしゃっています。

　そこで，杉渕鐵良先生が考案された「あいさつリレー」です。クラス全員，1人ずつに「おはようございます」とあいさつをさせていきます。

　そして，1人ずつのあいさつの状態を「確認」します。

❸　あせらずによいあいさつの風土をつくる

　「確認」できたら「評価」です。

　どうしても気になるのが元気のない声で暗いあいさつをする子です。そのため，この子たちを「評価」し，やり直しをさせたくなります。

　しかし，この段階で「評価」の対象とするのは，あいさつがよい子供たちです。「○○さんの声は明るくて気持ちがいい！　もう一度あいさつをしてみてください」など，よいあいさつのモデルとなってもらいます。

　大きな声のあいさつも大切ですが，感じのよいあいさつができる子を積極的に評価していきます。

　あいさつのよくない子を減らすよりも，あせらずに，よいあいさつの子を増やすことで学級に明るいあいさつができる風土をつくりましょう。

隣の子とあいさつをしていなければ
あいさつ指導を徹底する

朝の教室で次のような子はいませんか。

● 黙って教室に入ってくる。

● 子供同士であいさつをし合わない。隣の子ともあいさつをしない。

あいさつはよりよい人間関係をつくるために非常に大切な習慣です。子供たちが，あいさつを交わし合う教室にしましょう。

子供たちがあいさつを交わし合うためのポイント

> あいさつの練習をし，「あいさつ体質」をつくる。

指導の流れ

❶ あいさつの大切さを説明する

朝の会で，「今日，隣の席の人とまだ話していないという人は手を挙げましょう」と挙手させます。きっと，たくさんの子が手を挙げます。

「大人は毎朝，職場の人と必ずあいさつを交わします。あいさつに『今日も１日よろしくお願いします』という思いを込めます。あいさつをすることで職場の人間関係がよくなり，居心地のよい職場になります」と話します。そして，「このクラスの人間関係をもっとよくして，よいクラスにしたい人」

と挙手を求めます。クラスの全員が挙手していることを確認します。

❷ あいさつの練習をする

　「今からあいさつの練習をします。お手本ができる人」と立候補を募ります。そしてその子たちを廊下に出し，朝，教室に入る場面を実演させます。

　教室に入る前に一度立ち止まり，「おはようございます」と言って入室するようにします。これは1日，一緒に学ぶ友達と，学びの場である教室へあいさつをし，「学びスイッチ」をONにするためだと説明をします。

　立候補した子供たちは「おはようございます」と素晴らしいお手本を見せてくれます。クラスみんなで拍手をしましょう。

❸ 反応の仕方を教える

　一方，立候補していない大部分の子は座っています。お手本組が「おはようございます」とあいさつしても，黙って様子を見ているだけです。

　そこで，「座っている人たちはあいさつを返さないんですか？　友達がせっかくあいさつをしてくれているのに，無視で返すんですね。このクラスは冷たい人間の集団ですか？」とユーモアたっぷりに問いかけます。

　そして，「やり直しです」と，再度お手本組にあいさつをして入室してもらいます。子供たちは，お手本組の「おはようございます」のあいさつに「おはようございます」と返すようになります。友達同士なので「おはよう」と返してもいいよと伝えます。

　最後に，「今日，教室に来た順に並んで元気よくあいさつをしましょう」と，全員に入室時のあいさつをさせます。

❹ あいさつ体質にする

　翌日以降，教室の入り口に「おはようございます」と掲示し，あいさつをして入室するようにします。あいさつが弱いと感じたら，「朝に時間を戻します」と，何度もやり直しを徹底し，あいさつ体質をつくりましょう。

馴染めていない子がいたら
個と関わる量を意識する

　言葉がけと声かけ。似ている言葉です。この両者の違いは何でしょう?

　言葉がけは，どんな言葉をかけるかという中身に重きが置かれます。

　一方で，声かけは，言葉の中身よりも話しかけるアクションそのものに重きを置いたものです。

- クラス替え後で，まだ親しい友達ができていない子がいる。
- まだ，教師と子供との距離感を感じる。

　このような時期に大切にしたいのは，声かけです。たくさんの声をかけて，不安な子の気持ちを軽くし，教師と子供の距離を近づけましょう。

 ## 声かけのポイント

> 1 日の終わりに座席表で個との関わりを振り返る。

 ## 指導の流れ

❶ 後ろにいるあの子に

　休み時間に教師の机の近くに寄ってきて積極的に話しかけてくる子供たちがいます。この時に積極的に声をかけたいのは，その輪の 2 列目以降にいる子です。その子はなぜ 2 列目以降にいるのでしょうか。

先生に話しかけたいけれどなかなか近づけない。または，休み時間に一緒に過ごす友達がいないので教師の近くに寄ってくる。

　このような理由が考えられます。

　輪の中心の子供たちとおしゃべりをしながら，「○○さんもそうなの？」と声をかけてみましょう。そこで子供同士のつながりも生まれます。

❷ 授業中とノートは声かけのチャンス

　授業中は多くの子供に声をかけるチャンスです。○つけをしながら，「いいね」，「字がきれいだ」，「さすがです」と子供たちと目を合わせながら声をかけていきます。

　また，ノートへのコメントも大切です。以前，多賀一郎先生が私の子供への赤ペンのコメントについてご指導くださいました。多賀先生は，「もっと子供の頑張りをねぎらうようなコメントにしないと。子供は頑張っているのだからそれを認めて，『○○さんの頑張りが先生はとてもうれしいです』というように書くといいですよ」と教えてくださいました。

　以降，子供たちの自学ノートや日記に温かいコメントをするように意識するようになりました。子供たちはノートが配られたらすぐに私のコメントを読みます。子供たちのうれしそうな表情を見ると，私も幸せな気持ちになります。

❸ 放課後の座席表

　放課後，教室で10分ほどその日を振り返る時間をとります。座席表に，その日の子供との関わりや印象的だったことをメモしていきます。

　しっかり思い出そうとしても座席表に何も書けない子がいます。その子とは次の日に特に意識して関わるようにします。

　ここで記録した子供との関わりや，子供の頑張りは，後日学級通信で紹介するネタや，通知表・懇談で保護者の方に直接伝えるエピソードになります。具体的な姿を伝えることができるので，保護者の方にも喜ばれます。

たねまき期 ● 教師との関係づくり

乱雑さが目立ったら
周囲への気遣いを教える

- 給食後の食器をガチャンと音を立てて返却する。
- 机を引きずりながら下げる。
- ノートやテストなどを上下反対や，端がそろわない状態で提出する。

これらの共通点は丁寧さと周囲への配慮が欠けていることです。

教室には感覚が敏感で大きな音を苦手とする人もいます。提出物はその後で採点や集計などの処理をする人がいます。

丁寧さとともに，周囲への気遣いを指導しましょう。

 乱雑な状態の改善のためのポイント

> **背景に人を感じる心を育てる。**

 指導の流れ

---

❶ できていない状況の資料を集める

子供たちに「今日は給食の片付けの様子を動画で撮影します。顔は映さないので安心してくださいね」と言い，食器の返却の様子を何人分か撮影します。撮影すると，普段は乱雑に置く子も警戒し，慎重に置きます。慎重に置く時点で，できていない自分に気づいているということでしょう（笑）。

また，乱雑に提出された状態のプリントなども写真に撮っておきます。（→）

❷ 共通点を考えさせる

❶で集めた，できていない状況の資料を順に提示し，「何か気がつくことはありませんか？」と問いかけます。

すると，「食器の返し方が乱暴です」，「プリントがそろっていません」などの答えが返ってきます。

そこで，「これらに共通することは何でしょう？」と投げかけ，ペアやグループでじっくり考えさせます（「〇〇がない」と考える手がかりを与えてもよいでしょう）。

子供たちは「丁寧さがない」などと答えます。「思いやりがない」と周囲へ意識を向けた意見が出れば，そう考えた理由をしっかり聞きましょう。

❸ 背景の人に気づかせる

「これらの行為の共通点は，周りへの気遣いがないことです」と子供たちに教えます。

「プリントは出して終わりですか？ そうではありませんね。先生が〇つけをします。プリントが乱れていたら先生が直さなければなりません。給食の食器の後ろにはどんな人がいますか？ 気持ちを込めて作ってくれ，きれいに洗ってくれる調理員さんがいます」と説明します。作業中の調理員さんの写真があれば効果抜群です。

さらにイヤーマフの写真を見せます。「大きな音が苦手という人は5〜20％の割合でいると言われています」と説明します。

「みんなの行動の後ろや周りには人がいます。丁寧に行動することは周囲の人への思いやりにもつながります」と教えます。

指導後，気をつけて丁寧に行動する子を見つけ，しっかりほめましょう。

できていないことがあれば
やり直しを徹底する

　学習内容や生活面での定着をはかるためには，確認と評価が大切です。

　指示したことができているかどうかを確認し，教師の基準に満たないと評価したら，やり直しをさせます。こうして粘り強く定着をはかるので，やり直しは「しつけ」だと言えます。

　しかし，子供はやり直しが嫌いです。嫌いなことを強いると「しつけ」が「おしつけ」になります。おしつけられたものはなかなか定着しません。

　私の所属している教育サークル「ふくの会」の主宰であり，達人教師の福山憲市先生が子供たちにやり直しをさせる場面を目にしたことがあります。福山先生は「おしつけないしつけ」の名人だと感じました。

 ## おしつけないしつけのポイント

> 温かい「太陽の心」でやり直しをさせる。

 ## 指導の流れ

---

❶ 「惜しいです」で意欲を高める

　子供のノートが乱雑であった時や，計算ミスがあった時。また，「静かに並びましょう」と指示したのに，しゃべりながら並ぶ子がいた時など子供た

ちにやり直しをさせる場面がたくさんあります。

この時にどのような言葉を発するかが大切です。

「ダメです」という言葉だと，否定するニュアンスが感じられ，冷たさが感じられます。福山先生は「惜しい」と言われます。

「惜しい」には，子供への期待が感じられます。「もう少し頑張ればできるよ」という励ましも感じられる温かい言葉で，意欲も高まります。

「惜しいです。もう一度やり直しましょう」と声をかけましょう。

❷ やり直したことをねぎらう

やり直しとセットになるのが，ねぎらいです。

子供が「やり直してよかった」と思えるような言葉をかけます。

- ●「うん，すごくよくなった」
- ●「さすがです！　前よりも成長したねえ」
- ●「ちゃんとやり直すという素直さがいいです。素直な人は伸びます」

福山先生はやり直した子に，満面の笑みでこのような言葉をかけます。

この，ねぎらいの言葉によって，子供たちは頑張ってよかったと実感し，次も頑張ろうという意欲が高まります。

補足

- -

私は「北風と太陽」の太陽のように温かい言葉と心で子供を育てたいと考えています。

もちろん「厳しい指導」も必要です。ただし，体罰や暴言は「厳しい指導」ではありません。北風のような「冷たい言葉」，「冷たい指導」です。これでは子供は育ちません。

それでは，「厳しい指導」とは何でしょうか。それは，「確認とやり直しの徹底」です。評価の基準をゆるめずに，子供の成長を信じてやり直しをさせる。これが子供を育てる「厳しい指導」だと考えています。

特に授業はじめなら
「できる」「わかる」を意識する

　新しい学年がスタートし，子供たちはやる気と期待にあふれています。

　この状態の時に，「できる」「わかる」授業を保障することが，「この先生なら自分を伸ばしてくれる」「この先生の授業はわかるので楽しい」と，教師と子供の信頼関係づくりにつながります。

　特に，はじめの１週間の授業では子供たちにたくさんの「できる」「わかる」を味わわせ，力をつけることを強く意識しましょう。

「できる」「わかる」授業を保障するためのポイント

> 覚えるコツをたくさん伝えて成功体験を味わわせる。

指導の流れ

❶ 語呂合わせ・替え歌で覚えよう

　５年生の社会科の授業では，日本とその周りの国について学習をします。

　「日本の国土面積は世界の中で61位です。それでは，世界の国々の中で面積の広い国ベスト７を覚えましょう」と言います。

　多くの子供たちは「覚えられない！」「絶対に無理」と答えます。

　ここで，黒板に「ロシアかな，米中ブラジル，オーインド！」と書きます。

これを何度も声に出させて読ませます。

　子供たちが目をつぶっても言えるようになってからタネ明かし。

　「これが面積の広い国ベスト7です。ロシア，カナダ，アメリカ，中国，ブラジル，オーストラリア，インドの順です。もう言えますね」

　子供たちは見事に全部言えるようになっています。「絶対に無理と言っていたのに覚えられましたね。素晴らしい！」とほめましょう。

　6年生の社会科では，「縄文，弥生，古墳，飛鳥，奈良，平安，鎌倉，室町，安土桃山，江戸，明治，大正，昭和，平成，令和」の時代区分・元号を覚えさせます。これは，サザエさんの替え歌ですぐに覚えられます。

　語呂合わせや替え歌などで覚えるコツをつかませ，「できた」をしっかり味わわせましょう。

❷ フラッシュカードで定着

　世界の国旗や，国の位置，都道府県の形，歴史上の人物やモノなどのフラッシュカードをロイロノートで作り，何度も練習させます。

　単調にならないための一工夫は，笑いをはさむことです。

　例えば，歴史に出てくる用語フラッシュカード。銅鐸の画像を提示，子供たちは「銅鐸」と答えます。次に，木村拓哉さんの画像をはさみます。子供たちは…もうわかりますね。「キムタク」と笑顔で答えます。

❸ 忘却曲線を教える

　これらの用語などを覚えさせた後で「覚えることが得意だという人？」と聞くと，ごくわずか。多くの子は，覚えることが苦手だと答えます。

　ここで，エビングハウスの「忘却曲線」の画像を提示します。

　「学習したことを翌日に忘れるのは当たり前。これまで覚えられなかったのは復習の回数が少なかったことやタイミングが悪かったのです。覚えられなかったのは能力のせいではなく，勉強の仕方にあります。これから，勉強の仕方もしっかり教えます。どんどん覚えましょう」と激励します。

「できないかも」という声が聞こえたら
自己効力感をアップさせる

　学習に前向きに取り組む態度を阻害するのが苦手意識です。
- 次の日の日課を見て，「え〜っ，算数!?」
- 「作文を書きます」と言われて，「え〜っ，作文!?」

と心の声がもれてくる子たちがいます。この子たちに，なぜ算数や作文が嫌いなのか理由を聞くと，「苦手だから」と答えます。

　学習への苦手意識の強い子たちの中には，「できた」という成功体験の積み重ねが乏しい子たちもいます。その子たちには，まず「できそうだ」「何とかなりそうだ」という自己効力感を味わわせましょう。

自己効力感を実感させるためのポイント
- -

> 「やれば伸びる」の成長体験のシャワーを浴びせる。

指導の流れ
- -

❶ 粘り強く取り組む姿勢を価値づける

　例えば，複雑な図形の体積を求める問題があります。

　「ここを埋めて直方体と考えて，後から引く」など，すぐに理解できる子もいます。一方で，理解に時間のかかる子もいます。

苦手意識の強い子は，「すぐにできること」に価値を置く傾向があり，すぐに答えが出せないことに劣等感を抱きます。

　そこで，| ●苦しみも楽（がく） |という言葉を教えます。

　これは福山憲市先生に教えていただいた言葉です。

　「すぐに答えが出るよりも，こうして考えて考えて答えが出てきた方が喜びが大きいよ」，「考えているうちに人間は賢くなれるんだよ」と，時間をかけて取り組むことを価値づけます。

❷ 「やれば伸びる」

　お笑いコンビティモンディの高岸さんの決めぜりふは「やればできる」。しかし，チャレンジしてもできないことはたくさんあります。

　確実に言えることは，やる前の自分よりも確実に成長しているということです。考えて考えた子供のノートには，「やれば伸びる」と高岸さん風に言いながら大きな花丸をつけて，「成長体験」を実感させます。

❸ 成長実感の共有

　毎週，「今週の成長」というテーマで簡単な振り返り作文を書かせます。

　１週間を振り返って，「できた」「伸びた」「うれしかった」を書きます。

　この時に，自己効力感の低い子ほど成長の実感がしにくく，書く手が止まります。

　そこで，友達が書いたものを紹介していきます。

- ●「理科の時間にマッチで火がつけられるようになりました」
- ●「算数で線対称の図が描けて，先生から『うまい』と言われました」
- ●「授業で隣の人と納得し合えてうれしかったです」

　そうすると，「こういうことでいいんだ」，「自分もこんなことができたぞ」と書けるようになります。これらは学級通信に掲載します。

　自分が伸びた事実を，友達や家族に紹介されることで自信をつけます。自信がつくと，「何とかなりそうだ」という自己効力感も高まります。

23

授業開きから1か月は
指示したことをやらせきることを徹底する

　力をつける授業を実現させるために,「全員参加」を意識します。

　全員参加を実現するために,特に大切にしたいのが,「確認」です。

　子供たちが,教師が指示したことを確実にやっているかどうかを確認します。その上で,できていたらほめる,できていなかったらやり直しと,必ず評価します。できていないままの状態をスルーしたら「先生の指示どおりに動かなくても大丈夫」と子供たちに負の学習をさせることになります。

 ## 「全員参加」の授業を保障するためのポイント

> しつこい確認を徹底し,できるまでやり直しさせる。

 ## 指導の流れ

❶ 全員を動かす

　教師が発問し,子供に挙手させる。そして挙手した一部の子だけを指名して授業を進めるという授業場面がよく見られます。

　これを繰り返すうちに,「自分は何もしなくても手を挙げた人だけで授業はすすむ」と子供たちは学びます。全員参加の授業にはなりません。

　挙手させる前に,「自分の考えをノートに書きましょう」「ペアで話し合い

ましょう」と作業指示をし，全員を活動させ，授業に巻き込みます。

❷ 見逃さない

　作業指示をしたら，教師は子供たちをしっかり見ておきます。

　「ノートに書きましょう」と言ったのにもかかわらず，書いていない子は見逃しません。

　「ペアで話し合いましょう」と言ったのに，一言も話していないペアがいることも見逃しません。

　「答えをペアで相談しましょう」と指示を出した後で，「わかった人」と挙手させます。子供たちは挙手するでしょうか？　これも確認します。

　ペアの2人が共に手を挙げていたらOK。また，2人とも手を挙げていないのもOKです。相談しても答えがわからなかったということです。

　問題は，ペアのうちの1人が手を挙げているのに，もう1人が手を挙げていないという状況です。このようなペアも見逃しません。

❸ 再度取り組ませる

　ノートに書いていない子には，友達と相談してもOKとし，必ず書かせます。ペアで話していなかった子供たちには，「なぜ話さないのですか？　人の考えを聞くことで賢くなれます。もう一度チャンスをあげます。全員，ペアの人と30秒間話しましょう」と話させます。

　ペアの片方が手を挙げているのに，もう片方が挙げていない時には，「北村くんは自分がわかっているのに秋月さんに教えてあげなかったんですか。ケチですねえ」などとユーモアを交えながら指導します。そして，片方の人だけが挙手していないのはおかしな状況だと伝えます。その上で「もう一度話し合いましょう」と話し合わせ，再度「わかった人は挙手しましょう」と手を挙げさせます。

　このように，やっていないことを見逃さず，再度やらせきることで，「先生が指示したことは必ずするんだ」ということを徹底します。

学習の習慣をつくる

新学期スタート直後は
自作プリントでやる気を維持させる

　新学期が始まると，どの子もやる気いっぱいの状態になります。

　この意欲が家庭学習にも持続すればよいのですが，家庭にはテレビ，ゲーム，YouTube など様々な誘惑があります。

　これらの誘惑に打ち勝ち，宿題を頑張り，先生にほめられる。このようなリズムをつくり，家庭学習の習慣を形成するには宿題にも工夫が必要です。

 家庭学習の習慣形成のためのポイント

> **自作プリントで「これならできそう」「やってみたい」と思わせる。**

 指導の流れ

❶ 参考図書について

　宿題プリントづくりの名人といえば，私の師匠である福山憲市先生です。

　今でも入手可能な，福山先生のプリント・ワークに関する書籍に，

- ●『15分で国語力アップ！小学校国語科アクティブ・ラーニング型面白ワーク60』（明治図書）
- ●『国語授業が100倍盛り上がる！面白ワーク＆アイテム大事典』（明治図書）

があります。これらを参考にしてプリントづくりの構想をします。

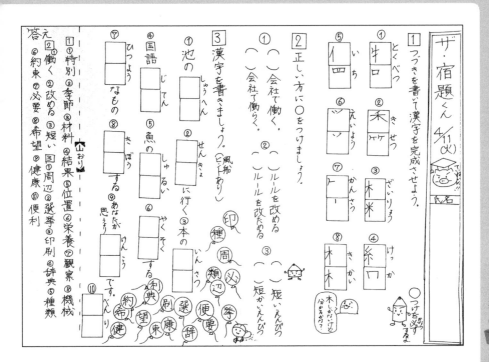

❷ プリントを自作する

　私は100円ショップのパターンテンプレート定規を使って上のようなプリントを作ります。慣れれば20分程度で作成可能です。

　ポイントはヒントをたっぷりにし，「これならできそう」と子供に思わせることです。

　算数も，右のようなプリントを作ります。解いたら暗号が出てくるので，子供は「やってみたい」と思います。

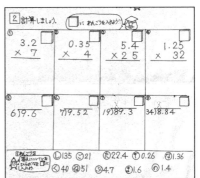

　宿題には答えも掲載します。解いたら即時答え合わせ。間違えていたら隙間に練習をするという学び方の指導もこのプリントで行います。

25

宿題を全員が提出できるようになったら
質を上げるためにてこ入れする

　宿題を全員が提出できるようになったら，次は宿題への取り組み方の指導です。

- ●漢字練習で，ノートに正しく書けていないのに適当に○をつけている。
- ●字が乱雑になっている。
- ●計算練習で間違えた問題は赤で答えを写しているだけ。

　これらの様子が見られる原因は，正しい学習の仕方を知らないことと，学ぶ意欲の欠如です。宿題の取り組み方へてこ入れが必要です。

　学力の前に「学欲」です。学習の仕方を教え，学ぶ心も育てましょう。

 宿題への取組をてこ入れするポイント

- -

> 宿題とテストを連動させて自身の不十分さを可視化させる。

 指導の流れ

- -

❶ 宿題と同じ問題のテストをする

　宿題とテストを連動させます。

　例えば，宿題で計算ドリルの問題を10問出したら，翌日にそのうちの5問をミニテストとして出題します。

同様に，漢字の練習を宿題に出した翌日に，まったく同じ漢字をミニテストで出題します。

　テストはその場で〇つけをします。宿題と同じ問題なので満点で当たり前のはずです。それなのにできていないという状況を可視化させます。

❷ 何が足りないのか自覚させる

　満点をとれなかった子たちに向けて全体指導をします。

　「宿題とまったく同じ問題だったのにもかかわらず，できないという状況は何が足りないのでしょう」と問いかけます。

　子供たちは「努力です」，「やる気です」などと発言します。

　それらを認めた上で，「不足しているのは，貴重な時間を自分を高めるために使おうという意識です」と伝えます。

　その上で「『タイムパフォーマンス（タイパ）』という言葉があります。お金はなくしてもまた稼げばよいですが，時間は二度と戻ってきません。宿題をするのにもみんなの貴重な時間を使っているのです。せっかく時間を使うなら，自分にとって力がつくような宿題への取組をしましょう」と話します。

❸ 家庭学習の練習

　勉強の仕方が身についていない「勉強の技能不足」の子もいます。

　間違えたら，ドリルに印をつけて，できるまで繰り返し取り組むという学年のはじめに指導した勉強の仕方を個別に教えます。

❹ 再びテスト

　しばらくの間，「宿題強化ウィーク」として，宿題とテストの連動を続けます。宿題を「やってよかった」，「やれば伸びる」，「やったからできた」と実感させて，一生懸命に取り組むよさを体感させましょう。

第2章

活動の中で育ちを引き出す
「生育期」

活動の中で育ちを引き出す「生育期」の指導ポイント

学級は「危険な海」だと意識する

「ファーストペンギン」という言葉をご存じですか？

ペンギンたちが移動したりえさを捕ったりする際には，海に飛び込む必要があります。

しかし，海は天敵のヒョウアザラシやシャチがいて，危険です。

多くのペンギンが飛び込むのを躊躇する中で，勇敢にも真っ先に飛び込むのがファーストペンギンです。

ファーストペンギンが飛び込み，海が安全であることがわかると，周りにいた「様子見のペンギン」たちも次々に飛び込みます。

「たねまき期」を越えて，多少育ってきても，学級には，この「様子見のペンギン」たちが多くいます。まだまだ，学級の中に「危険」がいっぱいあると子供たちは感じているのです。

学級における「危険」とは何でしょうか。

担任をしていた5年生の子供たちは，「みんなからの視線」「みんなからどう思われるか」「周りの空気」だと答えました。

クラスに大きな問題がなければ，学級は落ち着いているように見えるかもしれませんが，実は子供たちにとっては危険がいっぱいあるように見えるのです。

いきなり子供たち全員を飛び込ませようとしていませんか？　教師は，子供たちが「危険な海」に飛び込むことを不安に感じていることを意識しまし

ょう。そして，誰もが飛び込めるように２つのアプローチをしていきましょう。１つは「ファーストペンギン」を増やすこと，もう１つは海を誰もが飛び込める「安全な海」にすることです。

 ## 「ファーストペンギン」を増やす

　積極的に物事にチャレンジする子供たちを価値づけ，学級に前向きな空気をつくります。

　子供たちは，空気に敏感です。前向きな空気が広がると，徐々にファーストペンギンにあこがれ，自分も頑張ろうという雰囲気になります。

　さらに，子供同士の競争も意識します。

　競争により個を伸ばしていくことで，集団全体を育てていきます。

 ## 誰もが飛び込める「安全な海」をつくる

　学級をまとめる手段としてよく使われるのが，休み時間の「みんな遊び」や「クラスみんなで長なわとび」といった全員での活動ですが，これらを使って一気に子供たちをつなげるのは危険だと著者は思います。

　いきなりみんな遊びをしても，一部の活発な子供同士が，自分たちを中心に楽しみ，その他大勢の子たちがつまらなそうにしていたりしませんか？

　長なわとびは，「引っかかったらどうしよう」と，不安に思う子がいます。もしかしたら，それをきっかけに「学校に行きたくない」と言う子も出てくるかもしれません。

　せっかく教師が学級をまとめようとしていることが裏目に出るのです。

　大切なのは，子供たちを一気につなげようとしないことです。

　みんなでエラーを楽しむ雰囲気をつくる，グループ同士で関わる機会を増やすなど子供たちの関係性をゆるくつくります。

　こうして，あせらずに「安全な海」をつくりましょう。

「乱れてきたかな」と感じたら
定期点検を行う

　学校生活が安定すると，「慣れ」が生じ，中だるみをしている様子が見られるようになります。特に「6月と11月は学級危機」と言われます。危機を迎える前に子供たちの意識を変える必要があります。

　そこで，車の定期点検のように，学級でも定期点検をします。

　4月から指導してきた学習規律や生活の約束を意識して生活できているかどうか，子供たち自身がセルフチェックを行うようにしましょう。

学校生活の節目を活用するポイント

> 衣替えの時期に「心の定期点検」を行い，意識を高める。

指導の流れ

❶ 乱れに気づかせる

　6月と10月は衣替えの季節です。

　夏や冬の服装について学校からのプリントをもとに，「服装が乱れないように」と指導する機会があります。

　ここで，「服装の乱れは心の乱れ」という言葉を教えます。

　内面の乱れが外から見える部分に現れる。つまり，外が乱れていたら，内

面に目を向けることが大切ということです。

そして，「何が乱れていますか？」と右のような写真をたくさん提示します。

子供たちは「絵の具セットのひもが出ています」「トイレのスリッパがそろっていません」と答えます。

「そうですね。でも，一番乱れているのは心ですね」と伝えます。

❷ 心の定期点検を行う

衣替えで外側の服装と同時に，「内側の『心』も変えましょう」と呼びかけ，子供たちが「心」をチェックするための10の点検項目を示します。

- ●先生や友達よりも先にあいさつをしている。
- ●気持ちのよい返事ができる。
- ●授業の前に教科書，ノートを用意している。
- ●毎日，学習用具がそろっている。提出期限を守っている。
- ●授業中に積極的に発言をしている。
- ●席を立った時には，いすが机の中に入っている。
- ●引き出しの中や道具袋の中は整理・整頓されている。
- ●掃除を時間いっぱいまで一生懸命にしている。
- ●みんなに聞こえるように話し，話す人の方を見て聞いている。
- ●先生や友達に対する言葉遣いは適切である。

点検後に，自身の振り返りを作文に書かせ，友達と共有します。

❸ ほめて終わる

指導した日は，トイレのスリッパなどが整います。その様子を写真に撮り，「心が整っていますね」と改善されてきていることをしっかりほめます。翌日以降も，改善した点をしっかり評価し，意欲を高めましょう。

掃除が確実にできるようになったら
目的意識をもたせる

　掃除の時間は,「黙って」「時間いっぱいに」「正しい手順で」掃除ができるという基本がきっちりできるようになるまで,掃除場所を回りながら何度も指導していきます。

　それらができるようになったら,掃除のレベルアップをします。

　何のために掃除をするのかという目的を考えさせ,掃除に対する意識を高めます。

掃除レベルアップのポイント

> 掃除に対してより高い目的意識をもたせる。

指導の流れ

❶ TESSEI の方の掃除の姿を見せる

　JR東日本の新幹線の車内清掃をしている TESSEI という会社があります。子供たちに,この TESSEI の社員の方が掃除をしている動画を見せます。

　「この人たちは,掃除というみんなと同じ作業をしています。自分たちの掃除と何が違いますか?」と子供たちに問いかけます。

　子供たちからは,「スピードが違う」「使う道具が違う」などの意見が出ま

す。それらを認めた上で，「一番大きく違うのは掃除に対する目的意識の高さです」と話します。

❷ 「3人のレンガ職人」で働く目的について考えさせる

子供たちに，イソップ寓話の「3人のレンガ職人」の話をします。

聖堂を建てるためにレンガを積むという同じ作業をしていた3人の職人それぞれに旅人が「何をしているのか？」と尋ねます。

1人目のレンガ職人は「レンガを積んでいるんだ。こんな大変な仕事はもううんざりだ」と答えます。2人目は，「レンガを積んで壁を作っているんだ。大変だけれど金がいいからやっている」と答えます。3人目のレンガ職人です。「立派な大聖堂を作り，人々を感動させる仕事をしているんだ」と答えます。やがて3人目の職人は，素晴らしいリーダーになり，自身の名のついた大聖堂が建ったというストーリーです。

ここで，「みんなの掃除に対する意識はこの3人のどれに近いですか？」と問いかけます。

そして，TESSEI の方のインタビューの様子を見せ，おもてなしの意識で掃除をしていることを紹介します。「仕事を通して，誰かの役に立ちたい，誰かを幸せにしたいと考えるとやりがいが高まります。みんなはこれから，どんな意識で掃除をしますか？」と話します。

❸ 自分たちの掃除に生かすようにする

掃除に対する意識の高まりとともに，「掃除が早く終わったら，自分で考えて必要な場所を掃除する」という約束にします。写真のように，折れたT字ほうきの先を活用し，窓の桟をきれいにするなど，子供たちの掃除への取組が変わります。

給食当番を手順どおりにできるようになったら
キャリア教育の視点で意識を高める

　キャリア教育は「一人一人の社会的・職業的自立に向け，必要な基盤となる能力や態度を育てることを通して，キャリア発達を促す教育」と定義されます。

● 子供たちが給食当番の仕事を理解し，手順どおりに進められる。

　ここまでの土台ができたら，キャリア教育の視点を生かして給食指導をします。

 ## 給食指導レベルアップのポイント

> 当番の仕事が将来働くことにつながるという意識をもたせる。

 ## 指導の流れ

❶ 教師が役割を演じる

　勤務校では，給食指導中は教師もエプロンを着用するきまりとなっています。

　私もエプロン，三角巾を着用して指導にあたりますが，子供たちが手順どおりに給食の準備ができるようになったなと判断すると特別版のエプロン・帽子を使用します。

レストランの料理長，そしてカフェの店長をイメージしたエプロン・帽子です。

❷ 「従業員」に使命を与える

　給食当番の子は従業員です。

　従業員には「お客様に料理を熱いうちに提供できるようスピーディーに準備をする」「丁寧に盛りつける」「衛生第一」というミッションを与えています。

　お気づきだと思いますが，これらは先生方が子供たちに給食指導でずっと指導し続けてきていることです。

　これらのミッションを「給食当番の仕事」としてしまうと，学校という世界に閉ざされたことになります。

　しかし，「レストランやカフェ従業員の仕事」という視点で見つめ直すと，「先生たちが教えてくれていたことは一般社会にも通じる大切なことなんだ」と子供たちは改めて気づきます。

　給食準備中は，「先生」と呼ばれても返事をしません。あくまでも「料理長」，「店長」です（笑）。

❸ お客様にも食事のマナーを徹底する

　教室はレストランやカフェという設定にします。

　お客様は他の人に迷惑にならないように静かに過ごすようにします。

　また，ホール係（給食当番）によって料理が提供されたら黙って受け取るのは残念です。

　「ありがとうございます」「どうも」と感謝の気持ちを伝えさせます。

　給食指導を通して，社会に出た時のマナーの指導も行うことができます。

クラスに活気が足りなければ
「先進の空気」をつくる

　授業のはじめ・おわりの号令をかける，黒板を消す。これらの活動を輪番制の日直の仕事としている学級が多いかと思います。

　輪番制だと，本人の意思にかかわらず仕事が回ってくるため，次のような場面がよく見られます。

- やる気のない，小さな声で授業はじめの号令をかける。
- 黒板を消し忘れ，次の授業が始まる直前にあわてて消す。

　こうなると教室は，だらけた空気に支配されてしまいます。やる気と活気でいっぱいの教室にしたいなら，輪番制の当番は思いきってやめましょう。

 教室にやる気と活気をつくるポイント

> リーダーシステムにより，「先進の空気」をつくる。

 指導の流れ

---

❶ リーダーシステムの趣旨を説明する

　「みんなは，これまでクラスの様々な仕事を順番に日直となって，責任をもってしてくれました。ありがとう」とこれまでの子供たちの頑張りをねぎらいます。その上で，このクラスをさらにパワーアップさせるために，これ

まで日直の仕事だったものを「リーダー」にしてもらうことを次のように伝えます。

「人はそれぞれ得意なことがあります。元気な声でみんなを盛り上げることが得意な人，丁寧に仕事をするのが得意な人。そんな人がいろいろなリーダーとなって力を発揮し，クラスのみんなに貢献してもらいます。リーダーは，やりたい人が立候補します」

❷ リーダーを決定する

以下のようなリーダーをつくります。

- 朝リーダー…みんなの前であいさつをし，朝から教室を明るい雰囲気にする。
- 授業はじまリーダー…活気のある声で授業開始の号令をかける。
- 授業おわリーダー…活気のある声で授業おわりの号令をかける。
- 配リーダー…配付物を迅速に，かつ確実に届ける。
- 給食リーダー…給食前後のあいさつをみんなの前でする。
- 黒板リーダー…毎授業後に，書くのが申し訳ないレベルにまで黒板を美しく消す。
- 帰リーダー…誰よりも早く帰りの支度をし，帰りの会を始める。

配リーダーと黒板リーダーは3〜4人，その他は1〜2人を募ります。

1か月経ったら，リーダーは交代。もちろん再び就任しても OK です。

🌱 補足

クラス全員にリーダーを経験させる必要はありません。いわば選抜メンバーです。全員を動かすのではなく，まずは自らの意思ですすんで動こうとする子たちから「先進の空気」を教室に広げていきます。

仲良しグループが形成されてきたら
「カツサンドじゃんけん」で協力の仕方を教える

　学級に仲良しのグループが存在することは悪いことではありません。ただし，それらのグループが排他的で内向きになるのは問題です。排他的で内向きにならないための予防策として，協力の仕方を教えます。協力の仕方を学ばせ，子供たちが学級の誰とでも協力し合えるような関係をつくりましょう。

協力し合う関係をつくるポイント

> ゲームによる体験を通して協力の仕方を学ばせる。

指導の流れ

❶ 「カツサンドじゃんけん」ゲームをする

　ルール説明をします。「質問は一切禁止」と伝えておきます。

> 【ルール】
> １　全員立って歩き回り，じゃんけんをする相手を見つける。同じ相手とは１回しかじゃんけんできない。
> ２　３回勝ったらいすに座る（だから「カツサンドじゃんけん」）。
> ３　全員が座れたらクリア。

「スタート」の合図で，タイムを計測します。どんどん座っていく子がいる一方で，なかなかじゃんけんに勝てずに座れない子も出てきます。

　そのうち，「座っている人とじゃんけんするのはいいのですか？」と質問をしてくる子がいます。「質問は禁止です。3回勝ったらいすに座れます」とだけ答えます。

　「座っている人とじゃんけんしてもいいんじゃない？」と友達にアドバイスする子も現れ，全員座ってクリアとなります。

　「もう1回しますか？　今のタイムを縮めることが目標です」と子供たちに話します。みんな「やります」と答えます。

　2回目を行う前に，作戦タイムをとります。こうしたら時間が短縮できるというアイデアをどんどん子供たちに出させます。

　「誰とでも積極的にじゃんけんをする」や，「座っている人はグーしか出さないようにする」というものも出ます。

　その後，2回目を行います。タイムを短縮できたらみんなで喜びます。

❷ 振り返りをする

　ゲーム終了後，子供たちに「このゲームは協力なしにはクリアできませんでした。協力するために何が大切だと学びましたか？」と問いかけます。

　様々な意見が出されます。「やる気」「まとまり」「思いやり」「人の役に立とうとする」「みんなのことを考える」「仲間外れをつくらない」「発言する」「ほめ合う」…など。

　以前担任した6年生の学級では，これらをロイロノートのアンケート機能で上位3つにしぼりました。

- ●みんなの意見を聞く。
- ●人のことを気にかける。
- ●同じ目的をもつ。

　この3つを教室に掲示し，子供たちが常に意識できるようにしました。

【参考文献】赤坂真二著『スペシャリスト直伝！　学級づくり成功の極意』（明治図書）

みんなが楽しめていなければ
「輪ゴム de クレーンゲーム」で楽しめる条件を考えさせる

　「みんなで遊ぼう」となると，発言力の強い子供たちを中心に，ドッジボールやフルーツバスケットをしようと決まることはないでしょうか。

　ドッジボールは得意な子ばかりが楽しみ，全員にボールが行き渡らないという状況になりがちです。

　また，フルーツバスケットの本質は「奪い合い」です。居場所がなくなり，1人だけ取り残されることに不安を感じる子もいます。

　「みんなが楽しい」状態になることはなかなか難しいのです。みんなが楽しくなるための条件を子供たちに考えさせましょう。

 ## みんなが楽しいを考えさせるポイント

> 輪ゴム de クレーンゲームをして，「みんなが楽しい」条件を考える。

 ## 指導の流れ

❶ ゲームの準備

　用意するものはクレーンゲームのアーム部分になる輪ゴムと，ビニールひも，大量のぬいぐるみ（ペットボトルや紙コップでも可）とかごです。

　アーム部分は，輪ゴムを3本束ね，それぞれ対角になるように1.5メート

ルほどに切ったビニールひもを４本結びます。

❷ ゲームのルール

アーム部分のひもを４人組で
４方向に引っ張ります。そして
広がった輪ゴムで，床に散らば
って置かれているぬいぐるみを
キャッチ。みんなで運び，かご
の中に無事に落とすことができ
ればゲットです。

制限時間は３分。ゲットした
ぬいぐるみの数で勝敗を競いま
す。作戦やチームワーク次第でどのチームにも勝利の可能性があります。ゲ
ームをしている子も，見ている子もみんな笑顔になれます。

❸ 振り返りをする

ゲームの振り返りをする中で，「みんなが楽しい」になるための条件につ
いても考えさせます。

子供たちは，「協力をすること」「声をかけ合うこと」「チームで連携する
こと」「会話を増やすこと」などの意見を出します。

ここでの経験は，以降，子供たちが「お楽しみ会」などのイベントを計画
する時のアイデアに生きてきます。

🪴 補足
- -

ひもに印をつけておき「ここから前の部分は持ってはいけない」，片手し
か使えない，などルールを明確にしておきましょう。また，ひもが外れる，
ずれるなどのトラブルに備え，予備の「アーム」を準備しておきましょう。

07

気づく力が弱ければ
「ボランティアタイム」で「考動力」を高める

床にプリントが落ちています。拾わない子は次のような行動をします。

| A　踏まないように避けて通る。　B　気づかずに思いきり踏む。 |

さて，このAとBでは，どちらの方がより気になる状態でしょうか。

Aは気づくけれど行動が伴わない「拾わない」レベルです。

一方，Bは落ちていることに気づきもしない「拾えない」レベルです。

気づく力が弱いという点でBの方が気になる状態と言えます。

気づく力が弱ければ行動もできません。他者のために行動する子を学級に増やすため，まず学級全体の気づく力を高めましょう。

 ## 気づく力をアップさせるポイント

- -

> 気づかせる場を用意し，「考動力」を高める。

 ## 指導の流れ

- -

❶ 下校前ボランティアタイム

帰りの会に「1分間ボランティア」の時間を設定します。

1分間で学級みんなの役に立つことを見つけ，自由に働く時間です。

1分間は意外と長いですが，はじめは何をすればよいのかわからず動けな

い子が多く見られます。

　そこで、「藤村さん，窓を閉めてくれてありがとう」「金田くん，机をそろえてくれているね。よく気がつくね」と，動いている子供の様子を声に出して学級に広めます。そうすると，黒板を消す，本棚を整頓するなど自分にできることを見つけ，動けるようになる子が増えます。

❷ 条件付きボランティアタイム

　ボランティアタイムを毎日続けていくと，子供たちは慣れてきます。

　慣れること自体はよいことなのですが，「自分はこれをしよう」と仕事を決め，連日それだけをするようになってきます。

　これでは，できることを見つける力や気づく力は育ちません。

　「今日は，昨日やった仕事以外をしましょう」

　「今まで一度もやったことがないことを見つけましょう」

など，1分間ボランティアに条件をつけることで，慣れを防ぎます。

❸ いきなりボランティアタイム

　図工の時間の後などにも「1分間ボランティア」を行います。絵の具を洗った水が残る流しの掃除，床に落ちた工作用紙の切れ端拾いなど，帰りの会のボランティアタイムとは違った仕事を子供たちは経験できます。

❹ 言われなくてもボランティア

　❶〜❸は，気づく力を高め，考えて動く「考動力」を高めるトレーニングです。最終的には，言われなくても動ける子を増やします。ボランティアタイムも段階的に縮小・廃止していきます。

　図工の時間の後，あえて「1分間ボランティア」を設定しません。それでもすすんでボランティアを行う子を見つけてほめます。このように，考動するのが当たり前という空気をつくり，自分の帰りの支度が終わったらすすんでみんなのための活動を行うように育てていきましょう。

教室内にあいさつが当たり前になったら
あいさつの輪を広げる

●朝，教室に入る時にあいさつができる。

●教師に自分からあいさつができる。

まずはこの2点を徹底します。

これができたら次の段階のあいさつ指導をします。

様々な場であいさつができるようにする，プラス1のあいさつができるようにするなど，子供たちのあいさつをレベルアップさせます。

 ## あいさつをレベルアップさせるポイント

- -

> あいさつをするのは自分のためだと自覚させる。

 ## 指導の流れ

- -

❶ 保健室へのあいさつ

子供たちは保健室をよく利用します。

例えば，昼休みにドッジボールをしていた中村くんが突き指をして保健室で手当てを受けたとします。保健室の先生は，念のために受診することをすすめ，中村くんは放課後に病院に行きました。

このような場面があれば翌日はあいさつ指導のチャンスです。

翌朝，中村くんに「今から保健室に行っておいで。保健室の先生に言うことがあるでしょう。どんなことを言うとよいと思う？」と問いかけます。中村くんが「骨には異常がなかったことと，お礼を言います」と答えたら，しっかりほめます。思いつかなければ報告とお礼を言うように教えます。

　その後，保健室の先生に中村くんがあいさつに来たかどうか確認します。

　行っていれば，クラスのみんなに「中村くんは，保健室に行って，昨日のお礼と報告をしてきたそうです。素晴らしいですね」と紹介します。

❷ なぜあいさつが大切なのかを考えさせる

　なぜ中村くんの行為が素晴らしいのか，「保健室の先生はどう感じたでしょう」と，あいさつされた側の視点で考えさせます。

　「うれしい」「手当てをしてよかったと感じる」などの意見が出ます。

　「そのとおり。あいさつに来てくれたら誰でもうれしく感じます。そして，中村くんは『感じのよい子だな』と認めてもらえます」と伝えます。

　「勉強やスポーツで認められるには，結構な努力と時間が必要です。でも，あいさつは少しの心がけだけで『感じのよい子』だと認めてもらえます。認められたら，大事にしてもらえ，さらに自身の成長につながります。あいさつは，コスパ最強の『自分の未来を拓く武器』です」と話します。

❸ あいさつプラス１を考えさせる

　どんな場で，どんなあいさつをしたら相手に感じがよいと思われるか考えさせます。

　横断歩道で止まってくれた車にあいさつをする。立ち止まってあいさつをする。あいさつに一言を加えるなど，今までのあいさつに「プラス１」させましょう。

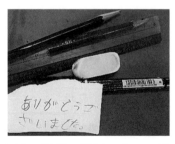

　写真は，筆箱を忘れ，私から鉛筆などを借りた子の返却の様子です。一言メッセージを添えて返却。これも感じのよいプラス１のあいさつです。

エラーを楽しむ

一人一人に居場所ができたら
「絵しりとり」で友達関係を広げる

　休み時間に子供が誰と過ごしているのかをこまめに確認しましょう。
いつもひとりぼっちで過ごしている子はいないでしょうか。

　一人一人に居場所ができ，学級の全員が，仲良しの友達の誰かと過ごして
いれば安心です。次は，友達関係を広げていくことを意識します。

　子供たちがクラスの様々な友達と仲良くなれるように，「単純接触効果」
を意識し，授業中に意図的にグループ活動を増やしましょう。

　また，学活の時間にゲームをしてグループで楽しさを共有することも効果
的です。楽しい雰囲気の中で，ゲームの勝敗にこだわらずにミスや失敗を共
に笑い合う体験を共有すると，学級内に安心感がさらに広がります。

友達関係を広げるポイント

> グループで絵しりとりゲームをして楽しさを共有する。

指導の流れ

❶ ゲームのルールを説明する

　4人程度の学習グループごとに実施します。「しりとりをします。ただし
話したり文字を書いたりすることは一切禁止です。正確な上手に描いた絵だ

けで次の人に伝えなくてはなりません」と絵しりとりのルールを説明します。

　Ａ３サイズの紙を８分割したものを用意し，これを順番に回して絵を描かせていきます。Jamboard やロイロノートの共有ノートの機能を使うと，タブレット端末での実施も可能です。

❷ ゲームを始める

　グループ内で絵を描く順番を決めさせます。

　「それでは１番の人は『か』から始まるものを描いてください。描けたら紙を次の人に回してください。５分間で正確に，たくさんの絵をつなげられたグループが優勝です。もう一度確認しますが，この５分間は絶対に言葉を発してはダメです。用意，はじめ」とゲームを始めます。

❸ 振り返りをする

　５分経ったらゲーム終了です。「それでは１番の人から自分の描いたものをグループの人に紹介していきましょう。うまくしりとりは成立しているでしょうか？」と投げかけます。上手に絵を描き，たくさんしりとりを成立させたグループが勝ちというゲームです。しかし，なぜか下手くそな絵で友達が解釈を勘違いし，うまくしりとりが成立しなかったグループの方が楽しそうに盛り上がります。グループの子供の許可を得て，失敗した絵しりとりを電子黒板などに提示し，クラスみんなでエラーを楽しみましょう。

　「こうやって失敗してもグループで笑い合えるっていいね」と，みんなで楽しめたことをしっかりと価値づけましょう。

補足

　お笑い番組のアメトークで「絵心ない芸人」が人気です。うまくない絵はみんなの心をつかむ力をもっています。一人一人がパーツを少しずつ描いていき絵を完成させていく「お絵描きリレー」でもエラーを楽しめます。

「みんな意識」の高まりを感じたら
「全員達成」で集団の成長を促す

　第1章で紹介した，自身の成長を振り返る作文を続けていくと，次のような記述が増えます。

- 最近，掃除にとてもやりがいを感じています。これからもみんなのため，自分のために掃除を頑張りたいと思います。
- 1年生のタブレット端末の設定を手伝って校長先生にクラスみんなが「あったか表彰」をされ，うれしかったです。

　自身の成長の先に，「人のため」「みんなのため」という思いが出てくるのです。このように「みんな意識」の高まりが感じられたら，子供たちの目を学級集団の成長に向ける段階です。

 ## 集団の成長を促すポイント

> **全員達成の喜びをみんなで味わう。**

 ## 指導の流れ

---

❶ 「全員達成」チャレンジに向けての配慮

　クラスの全員が達成できたという事実をつくるためには配慮が必要です。下手をすると「あの子のせいで全員達成ができなかった」と個を非難，排

斥する方向に向かいかねません。

　全員達成チャレンジの前に，クラスの全員，特に発言力の強い子の意識が友達を応援する，支持する方向にあるかを見極めておきましょう。

　また，「全員達成したら○○しよう」と事前に投げかけるのも NG です。パーティー，宿題なし（そもそも，「宿題なし」をごほうびにする発想そのものも疑問です）を約束すると，最後の1人が挑戦する時のプレッシャーはかなり大きくなります。達成できたという事実そのものがクラスの喜びとなるように配慮しましょう。

❷ 全員達成にチャレンジ

　私は水泳指導に自信があるので，4年生以上だと全員が25メートルを泳ぎきることを目標とします。

　2年生の担任の時には，九九を全員が暗唱できることを目標とします。

　前任校では俳句に力を入れていました。そこで，10の名句暗唱を2年生全員に挑戦させました。「10句をみんなの前で言えたら合格」です。

　教師が全員達成させられる自信がある時には「全員達成をめざします」と宣言します。子供に不安を与えたくない時には，無理に宣言しなくても大丈夫です。全員が達成できた時点で「すごい。これで全員が達成だ！」と気づかなかったふりをして喜ぶとよいです。

❸ みんなで喜ぶ

　教師が宣言した時はもちろん，宣言していない時でも「合格」した子たちはチャレンジしている友達を全力で応援します。

　全員達成の瞬間は，みんなで大喜び。ハイタッチでお互いの頑張りをねぎらうようにします。

　チャレンジした子は，みんながいてくれたから頑張れたという気持ちを強くします。全員で達成したという経験で，クラスの「全員力」が高まります。「全員力」はクラスの実力の高まりにつながります。

グループ内の距離が近づいてきたら
「ウラのめあて」で授業中のつながる場面を増やす

　授業中に，「グループで話し合いましょう」と指示したら，子供たちの活動の様子をよく見ておきましょう。チェックするのは距離感です。

　●メンバーの子が，いすを寄せ合い，身を乗り出して話し合っている。

　このような様子が見られたら，物理的距離だけではなく心理的距離も近づいている証拠です。決まってみんな笑顔で話し合っています。このようなグループが多く見られるようになってきたら，人間関係をつなぐ場を増やします。

　特別な場をつくらなくても，通常の授業の中で教師が少し意識をすることで，子供たちがつながる場が増えます。

 ## 授業でつながる場を増やすポイント

表のめあてとともに，「ウラのめあて」を子供たちと共有する。

 ## 指導の流れ

----

❶ 「ウラのめあて」を提示する

　授業のはじめに，その時間のめあてを提示します。

　この時に，通常のめあてとともに，「ウラのめあて」を提示します。

例えば，家庭科のミシンの授業では，「エプロンを作るために，ミシンで直線縫いができるようにしよう」などが通常のめあてになります。

これに加えて「グループの全員が自分１人でミシンを操作できるように教え合おう」というウラのめあても同時に提示します。

ウラのめあてには「協力」という隠しメッセージがあります。

❷ 課題設定のためのしかけ

勤務校にはミシンが数多くあります。しかし，ミシンは４人グループに２台と設定しました。１人に１台が用意されている環境よりも，２人に１台の方が，関わりや教え合いの場面が圧倒的に増えるからです。

子供たちがウラのめあてを達成しやすいような環境をつくることも意識しましょう。

❸ 振り返りをする

授業の最後に振り返りをします。

通常のめあてについては，達成度が子供たち自身にも判断できます。

ウラのめあての「協力」の達成度は，なかなか子供自身には見えないので，活動の様子を見える化し，価値づけることが大切です。

活動の様子を写真に撮り，「多くの班でこんな素敵な場面がたくさん見られました。めあてを達成するために，自分たちで協力できるところが素晴らしい！　さすが〇組のみなさんです」と子供たちをしっかりとほめましょう。

こそこそ陰口を耳にしたら
トラブルが起こる前にけん制指導を行う

- 子供たちがこそこそ陰口を言い合っているという話が耳に入る。
- 「悪口を言われた」と訴えてくる子がいる。

これらのトラブルは火災と同じで初期の対応が大切です。「様子を見ます」ではなく，事実確認など迅速に対応をしましょう。

また，消火よりも防火。学級にトラブルが起きにくい状況をつくることも大切です。そのため陰口や悪口について事前に指導をしておきましょう。

 ## 陰口や悪口を防止する指導のポイント

> 学級みんなの教育力を使ってけん制する。

 ## 指導の流れ

❶ 失敗だから「失言」ではない

政治家や有名人の「失言」のニュースを学級指導に活用します。

ニュースを紹介した後，「この人が失ったものは何でしょうか？」と問いかけます。

子供たちは，「人からの信頼」「信用」「立場」「イメージ」「栄光」「時間」「友達」などと答えます。

「言ってはいけないことを言うことを『失言』と言います。ところで，言葉はどこから出てくるのでしょう？」と子供たちに問いかけます。

　子供たちは「口です」と答えます。

　「確かに失言をした際に，『思わず口が滑った』という言い訳がされます。でも口は勝手に動きませんよね。それでは，口を動かすのはどこでしょう？」と問いかけます。

　子供たちは「心です」と答えます。

　「そのとおりです。『失言』とは，単に言い方を『失敗した』のではなく，先生は『多くのものを失う言葉』だと思います。その人の心が問題とされるからです。失うものの中でも一番大きなものは，友達や信頼でしょうね。これは一度失うとなかなか戻りませんね」と話します。

　その上で「みんなは失言をする人と仲良くなりたいですか？」と問いかけ，「お互いに『失言』には気をつけましょうね」とまとめます。

❷ 陰口を言う人は

　「先生が前に働いていた学校でこんなことがあったんだよ。ＡさんがＢさんと一緒にＣさんの悪口を言っていました。Ｃさんがいないところで言う悪口を『陰口』と言います。でも，Ａさんは，ＢさんのいないところではＣさんに，Ｂさんの陰口を言っていたんだよ」と話します。そして，「みんなは，Ａさんのことをどう思いますか？」と問いかけます。

　子供たちは「ひどいと思います」「友達とは思えません」などと答えます。

　「Ａさんは，陰口を言い合って仲良くなりたかったのかもしれないけれど，反対に友達を失ってしまいました。陰口って怖いですね」と話します。

❸ 「あなたが心配」

　このような指導をしてもトラブルは起きます。でも，事前に指導をしておけばトラブルが起きても「あなたに友達を失ってもらいたくないから心配なんだ」という教師の思いを伝え，反省を促すことができます。

13

温かい空気が醸成されたら
「あこがれの関係性」で個を伸ばす

　教師が教科書の文章を範読します。そして，「今，先生が読んだところが読める人?」と問いかけてみましょう。何人の手が挙がるでしょうか?

　●全員，または特別な事情のある子を除くほぼ全員が挙手している。

　このような状態なら，失敗を恐れず，全力で物事に取り組む姿勢が育っており，学級全体に友達を温かく見守る空気が醸成されていると言えます。

　この状態なら，頑張る友達に触発され，「自分も頑張ろう」と素直に考える子が増えるため，健全な競争意識が生まれます。

 ## 集団の力をさらに高めるポイント

個を活躍させ，学級内にあこがれの関係性をつくり出す。

 ## 指導の流れ

❶ 個の活躍を認める多様な評価を用意する

　体育の「ハードル走」で60メートルハードルのタイムを計測します。

　タイム上位３名の速い子を「ハードル王」「ハードル女王」としてみんなに紹介します。

　その他にも，前回の計測と比べて大きく記録を伸ばした子も３名紹介しま

す。また，事前に計測した60メート
ル走とハードル走の差が小さい子も
「ハードル技能が高い子」として紹
介します。

　外国語のスピーチでは，ロイロノ
ートの投票機能を使い，最も上手に
発表できた子を「ベストスピーチ
賞」として選ばせます。また，ジェ
スチャーを交えるなど，意欲的に取り組んだ子も投票させ，「スピーチ努力
賞」として表彰します。

❷ 評価された子を活躍させる

　ハードル走なら，各部門で表彰された子をリーダーとして学習グループを
編成します。リーダーはグループのみんなに助言したり，ハードルを越す様
子を見せたりして，グループみんなが学び合えるようにします。

　外国語なら次回のスピーチの前に，ベストスピーチ賞・スピーチ努力賞受
賞者にアドバイスを受ける機会を設けるようにします。

❸ 友達を目標に頑張ろうとする子を紹介する

　外国語のスピーチ練習の後に，ある子が「○○さんに，『値段や産地など
は聞く人が聞き取りにくいと思うよ』とアドバイスしてもらえたので，ここ
をゆっくり大きな声で言おうと思います」と，友達から助言を受けて意識を
高めたことを素直に表現していました。

　１年生を担任していた時には，子供たちが振り返りに「私のあこがれは○
○くんです」「○○さんのようになりたいです」と書いていました。

　このような友達同士が高め合う素敵な姿を学級通信に掲載して紹介します。
子供たちにとって最大の手本は「同じクラスの○○さん」です。身近な友達
とあこがれの関係をつくることで，個とともに集団も成長していきます。

活動に慣れてきたら
グループ活動をレベルアップさせる

授業中にグループで話し合いをする場面があります。

ここで，グループにいきなり難しい課題を与えていませんか？

はじめの段階では，以下の２つをねらいとした活動を小刻みに入れます。

● 練習や強化のための活動（音読や暗唱の練習など）

● 確認のための活動（問いに対する意見を情報交換し合う）

　いずれも簡単な学習活動です。このような活動を指示した後に，教師はグループの全員が話し合いに参加していることを確認します。全員が話し合いに参加し，スピーディーに活動を終えることができたら次の段階の活動に進みます。

 グループでの活動を効果的にするポイント

いきなり高いレベルをめざさずに活動のレベルを段階的に上げていく。

 指導の流れ

❶ 考えを広げるための活動

　社会科の時間に，「このグラフからわかることをできるだけたくさん，箇条書きでノートに書きましょう」と子供たちに問いかけます。

全員が問いに対する自分の考えをノートに書いていることを確認した後に，グループで話し合いをさせます。

　ここでの目的は考えを広げることです。「グループでお互いの考えを発表します。自分の気がつかなかったことを友達が発表したら，自分のノートに赤でメモしましょう」と伝えます。

　「ノートに赤い字がたくさん書けたグループはよい話し合いができている証拠です」と上手に話し合えたことをほめましょう。

❷ 選ぶ・つくるための活動

　次の段階は「選ぶ」ことを目的とした話し合いです。❶と同じように，問いに対する自分の考えをノートに書かせた上で，「グループで意見を出し合って『これが一番よい』というものを選びましょう」と指示します。

　さらに上の段階は「つくる」話し合いです。

　例えば「コミュニケーション能力が高い人とはどんな人のことを言うでしょう。グループで話し合って『ズバリこういう人だ』と発表してもらいます」と指示します。慣れてくると，右図のように，Jamboard を使いこなし，具

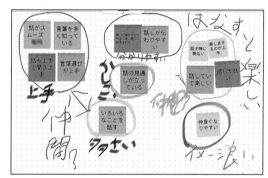

体的な考えをまとめて抽象へと自分たちの考えをつくっていくことができるようになります。

❸ 「効果の原則」を意識する

　「グループで話し合うと自分１人では考えつかないことが学べますね」と，子供たちがグループ活動をしてよかったなと思えるような言葉がけを忘れないようにしましょう。効果を感じることが次への意欲につながります。

行事を生かして
日常生活再点検をする

　学校内の生活について日常的に指導を積み重ねていても，子供たちの意識が落ちてきたなと感じる段階があります。例えば，

- 廊下を２～３人の友達と話しながら横に広がって歩く。
- 教室内で大きな声で騒ぎ，足音を立てて走る。

　このような姿が見られるのは「慣れ」が大きな要因の一つです。

　学校外での行事という「場」を生かし，校内での生活の仕方を子供たちと再点検するようにしましょう。

 ## 学校行事を生かし再点検するポイント

> 行事の事前指導と日常の生活指導を結びつける。

 ## 指導の流れ

❶ 自分たちが「迷惑な存在」になりうることを自覚させる

　子供たちにとって修学旅行や社会科見学はとても楽しみな行事です。関心事は部屋決めやグループ，バスの座席決め。しかし，事前指導により子供たちに，旅行・見学は楽しむ場ではなく，学びの場であることを伝えます。

　例えば，修学旅行の事前指導では，子供たちに修学旅行生に関する様々な

インターネット上の書き込みを紹介します。

　●「修学旅行の団体がうるさくて旅の風情が失われた」
など，ネット上には修学旅行生に対する苦情が多数寄せられています。

　また，社会科見学では，工場など各業種の方が，わざわざ自分たちのために作業の時間を割いて説明してくださっていることをしっかり伝えます。

　ここで，「自分たちも周囲の人に，『迷惑な存在だったな』と感じさせたいですか？　それとも『感じがよかった。また来て欲しい』と思わせたいですか？」と子供たちに問いかけます。全員が後者に手を挙げるはずです。

❷ 日常を振り返らせる

　「でも，先生は今の君たちの状態では『迷惑な存在』と思われるのではないかと心配しています」と伝えます。

　ここで，事前に撮りためていた校内の「気になる場面」の様子の写真を提示します。廊下いっぱいに広がって歩く子供たちの後ろ姿や，乱れているトイレのスリッパを「これでもか！」と見せつけます。

　「修学旅行（社会科見学）はとても楽しい行事です。みんないつもよりもテンションが高くなります。普段できないことが校外でできるはずもありません。『迷惑な存在』になりたくなければ旅行（見学）当日まで，自分たちの校内の生活をお互いに意識していきましょう」と伝えます。

❸ 意識が高くなった場面をほめる

　❷のような話をした直後はみんな校内の生活に気をつけるようになります。すかさず，よい場面を見つけて写真を撮ります。「脱いだ靴を歩く人の邪魔にならないように隅にそろえて置いた人たちがいます。素晴らしい。君たちはきっと旅行先でも歓迎される存在になれますね」としっかりほめ，自信をもって校外に出られるようにします。

行事を生かして
振り返りをしっかり行う

　1年を通して，運動会や修学旅行，宿泊学習，社会科見学などたくさんの行事があります。これらを，こなすだけ，楽しむだけで終えてはもったいないです。

　学校の広報誌などで，6年生が修学旅行の思い出として「遊園地で遊んだことが楽しかった」などの具体レベルでの感想を書いているものをよく見かけます。実に，もったいないなと感じます。

　これらの行事を，前述した事前指導とともに事後にしっかりと振り返ることで，行事は子供たちを育てる場となります。

 ## 子供を育てる事後指導のポイント

「問い返し」によって経験を抽象化する。

 ## 指導の流れ

---

❶ 行事の感想を集める

　修学旅行や社会科見学などの行事の翌日，子供たちに写真を見せながら振り返りをします。

　そして，子供たちに「修学旅行（社会科見学）の感想を発表しましょう」

と言い，全員に発表させます。

　きっと子供たちは「ホテルが楽しかったです」「みんなでお弁当を食べたことが楽しかったです」「○○工場はすごいなと思いました」という具体レベルの感想を述べます。

❷ 問い返しによって楽しさの源泉を抽出する

　子供たちが具体レベルの感想を発表し終えたら，「どうして楽しく過ごせたのでしょうか？」と問い返します。すると，「みんなが約束を守ったから」「グループの友達と協力できたから」「わざわざ僕たちのために説明をしてくれる人がいたから」など具体的な事実の背景にある楽しさの源泉が抽出，抽象化されます。これらの背景を「見えない土台」として子供たちにおさえさせます。

　具体レベルの感想は一過性のその場限りのものです。しかし，これらが抽象化されると再現性が高くなり，他の場でも転移可能な力となります。

❸ 文章に書かせて共有する

　「見えない土台」は人によって気づき方のレベルが違います。子供たちに行事で学んだことを作文に書かせます。

- ●みんなで過ごす時には，みんなが過ごしやすいようにお互いに気を配ることが大切だと学びました。
- ●親への感謝です。修学旅行に行かせてくれ，普段も私のためにいろいろと気を配ってくれます。
- ●感じのよいあいさつをするなど，感謝の気持ちをいろいろな形で伝えることです。

　このように，作文の一部を抜粋し，学級通信で紹介します。

　同じクラスの友達が，自分と同じ経験をした中でこんなことにまで気づいているんだなと刺激し合えるようになり，共に成長していくことができます。

「やっつけ自学」が垣間見えたら
「宿題連動型自学」で自学の仕方を教える

　学習意欲が低く自身を高める意識が欠如している状態で「自学」を宿題として出すと，次のようなノートが見られます。

● 乱雑に書いた漢字で，とりあえず1ページを埋めただけ。
●「おしゃれなヘアアレンジの仕方」「カブトムシの紹介」など，学習とかけ離れた内容を適当に1ページ書いただけ。

　このような，「やっつけ自学」のノートが予想されるのであれば，まず自学の仕方を指導しましょう。

自学の仕方を教えるポイント

> 宿題と自学を連動させる。

指導の流れ

❶ ドリルに印をつけさせる

　「ビリギャル」で有名な坪田信貴先生は，効果的な勉強法として「自分が『（テストや問題集で）間違えた問題』のみを集めたノートを作成しましょう。勉強はしょせん『×のものを○にしていく作業』にすぎません」（坪田信貴著『バクノビ』 KADOKAWA）と言われています。

子供たちは授業や宿題で取り組んだ漢字ドリルや計算ドリルで間違えたところをどのようにしているでしょうか。おそらく，自分で○つけをした際に，間違えた問題は赤ペンで答えをノートに写すだけになっていないでしょうか。

　私は子供たちに「写すだけでは頭を使っていません。つくのは腕の筋力だけです」と言い，間違えた問題はドリルに×印をつけるように指導しています。そして，×がついた問題を再度チャレンジするようにさせています。

❷ 間違えた問題に取り組む

　自学ノートを使って，自学指導をします。

　タイミングとしては，国語や算数の1つの単元が終わる時がよいでしょう。テスト勉強も兼ねることができます。

　「自学の仕方だけを教えて家庭で取り組ませる」と子供任せにするのではなく，教師の指導のもと，全員に経験させます。

　ここで使うのが，漢字ドリルや計算ドリルです。「漢字ドリルの○ページから○ページまでで×がついている字を書いてみましょう」や「計算ドリルの○○の単元で×のついた問題に取り組みましょう」と言います。

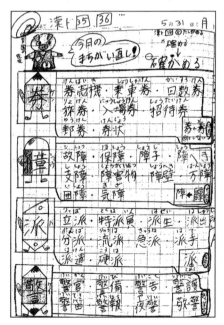

　ノート1ページをびっしりと埋めることを目標とさせます。

　ドリルの×の印が少なく，それだけではノートがいっぱいにならない子には「授業のまとめ作文」「授業の復習」「練習問題」などの課題に取り組ませます。

　こうして埋まった1ページの自学ノートを「自学のお手本」とし，以後，家庭で自学をさせるようにします。

子供たちが教師の説明をよく聞くようになったら
「つづき学び」をさせる

　子供たちがしっかり教師の説明を聞き，ノートを写し，よく発言もする。授業が成立するようになると，次のことが気になるようになります。

- いつも教師が「めあて」を提示し，子供たちは問いをもたない。
- いつも教師が答えを言い，子供たちはそれを待っている。

　つまり，子供たちが主体的に学びに向かう姿が育っていないということです。自学により，学ぶ姿勢を育てましょう。

学ぶ姿勢を育てるポイント

授業の「つづき学び」を通して自学を充実させ，学ぶ心を育てる。

指導の流れ

❶ つづき学びで「自学する心」を育てる

　自学指導の第一は，子供たちの学ぶ心を育てることです。

　子供たちが主体的に学ぶ場は，授業と授業の間です。

　教師は授業で問いを投げかけると，すぐに答えを教えがちです。子供たちの「自学する心」を育てるために，問いと答えの間を長くします。

　例えば5年生の社会科で南極大陸について学習をした際に，「南極と北極，

寒いのはどちらでしょう？」と問いかけます。

「答えは…自分で調べてきましょう」と焦らします。

次の社会科の時間，調べてきている子を「すごい！　家に帰ってまで授業の続きをするなんて。学ぶ心が育っていますね！」としっかりほめます。

❷ 振り返りから自学させる

次は，問いを自分で見つける段階。ポイントは授業の振り返りです。

授業の振り返りに，「『おはようございます』というあいさつの意味がよくわかりました。次は，他のあいさつの意味も知りたいです」など，次の課題を書いている子がいます。これを取り上げ，「授業の中から，自ら問いを見つけるなんてめちゃくちゃすごい！」とほめ，自学につなげさせます。

❸ 紹介する

「つづき学び」を様々な授業で，何度も繰り返します。そして，授業は学びの出発点であり，本当の学びは授業の先にあることに気づかせます。

授業や学級通信で，子供たちの自学の事実やノートを紹介します。紹介することで友達の学び方をモデルとして自学を充実させましょう。

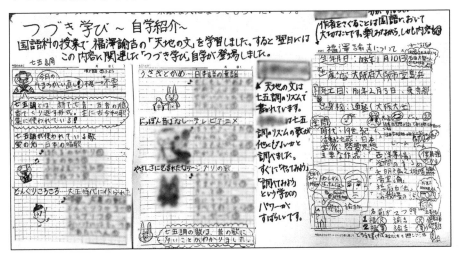

友達との仲が深まったら
ジャイアンタイムで「我以外皆我師」と学びを深化させる

　友達とのつながりが深くなると，素直に友達から学ぼうとする姿勢が生まれます。この状態になったら，「自分以外の人から謙虚に学ぶ気持ちで友達と高め合いましょう」と子供たちに話し，「我以外皆我師」という言葉を学びのキーワードにします。

　自学も，「我以外皆我師」でレベルアップさせます。

 ## 学びを深化させるポイント

> 友達同士で学ぶことのできる場をつくる。

 ## 指導の流れ

❶ 自学チェックポイント

　私は，以下のような4つの型を示し，「力のつく自学」をさせるようにしています。自分の自学がいずれの型になっているか，また，それらを偏りなくバランスよく実践できているかという視点で振り返らせます。

- ●入手・獲得型…新たな知識を得ている。テストのやり直しなどをして，わかる・できるを増やしている。
- ●深め・広め型…授業を拠点とし，さらに追求している。

- 練習・強化型…ドリルや市販の問題集を解いている。
- 前もって学び型…「かかってこい」という姿勢で授業に臨めるよう予習
　　　　　　　　　している。

❷ 「ジャイアンタイム」でいいとこどり

ドラえもんに出てくるジャイアンには名ぜりふがあります。「お前のものはおれのもの。おれのものもおれのもの」です。

このせりふを学びに生かすのが「ジャイアンタイム」です。

子供たちに自学ノートを机上に置かせ、「今から『ジャイアンタイム』です。友達のノートから、いいなという工夫を盗みましょう」と言います。たっぷり時間をとり、友達のノートをじっくり見させます。友達に許可を得たらタブレット端末で撮影してもよいことにします。事前に「真似をされた人は素晴らしい。あなたの自学は友達が真似をしたくなるくらいすごいということです」とみんなに伝えます。そうすることで、真似をされることを嫌がる子も納得します。

❸ 自学の時間を設定する

よいところを盗ませたら、そのまま「自学タイム」です。

「家に帰ってから」ではなく、意識が高まっているうちに自学に手をつけさせます。ある程度できたところで、「続きは帰ってから」とします。

 補足

- -

ジャイアンタイムは、図工の時間にも有効です。制作の途中で「友達のよいところを見つけて自分の作品づくりに取り入れましょう」と言います。

子供の頑張りが保護者に伝わってきたら
サポーターになってもらえるようにする

　子供を伸ばすためには保護者の理解・協力が欠かせません。

　保護者の方の理解が足りなければ，子供を伸ばすために教師が子供に適度な「負荷」をかけているつもりでも，保護者にはわが子に過度な「負担」が強いられていると感じられるでしょう。

　保護者の方に，「子供を育てる」という共通の目標に向かって教師のサポーターになっていただきましょう。

 保護者をサポーターにするためのポイント

- -

> 教師が積極的に自己開示と情報発信をする。

 指導の流れ

- -

❶ 教師の自己開示

「業務改善」のため，学級懇談会や家庭訪問の機会が減ってきました。

確かに，保護者の方に自身の考えを伝えることは手間がかかります。

しかし，その手間を惜しまないことが後で自身を助けてくれます。

教師の思いや信念を，機会と捉え，学級通信などで伝えましょう。

私は七夕の日に「願い事」と題して次の文章を学級通信に書きました。

私は２年前に首に木の枝がささり，のどまで貫通するという大けがをしました。救急車で病院に搬送されましたが，一つ目，二つ目の病院で「手に負えない」と言われ，三つ目の病院で ICU へ緊急入院。三日間，人工呼吸器につながれました。後日，医師から「あと１cm ずれていたら即死でした。」と言われ，生かされていることに心から感謝しました。

　二つ目の病院で「手に負えない」と言われた時に，スマホにわが子に向けたメッセージを書き残しました。（略）わが子に送る最期の言葉になるだろうと覚悟をしてのことです。当時小学３年生だった息子には「大好きなことを見つけてね。」と，こども園の年長児だった娘には，「誰からも大切にされる素敵な人になってね。」と。

　私もついつい欲張って様々なことをわが子に要求してしまいます。しかし，命の瀬戸際のぎりぎりのところで出てきたこのメッセージが，私の真の願い事だと思っています。

❷ 子供のプラスの情報を積極的に伝える

　以前，Ａさんという理解がゆっくりな２年生の女の子を担任しました。

　お母さんに，学校で九九の練習を毎日頑張っていること，テストの点数だけ見ると結果は出ていなくても，誤答から向上が感じられることなどを頻繁に連絡帳で伝えました。その学級では「俳句10句全員暗唱達成」（p.89参照）をめざしていました。Ａさんが最後の１人。みんなが見守る中，10句の俳句をすべて暗唱し，クラスみんなが大喜びという感動的な場面がありました。

　その日はお母さんに連絡帳１ページにわたってメッセージを書きました。お母さんからは「先生からのおたよりを読んで私もウルウルしました。先生にはＡの様子をいつも細かく教えていただけるのでとても安心しています」というお返事をいただきました。

　子供の頑張りを保護者の方にしっかり伝え，共に子供を育てましょう。

第3章

教師の出番を減らし，子供に委ねる
「開花・結実期」

教師の出番を減らし，子供に委ねる「開花・結実期」の指導ポイント

教師の仕事の本質を理解する

　医者の仕事の本質は，患者が医者を必要としないような健康な状態にすることです。

　営業の仕事の本質は，商品が売り込みをかけなくても売れるような状態にすることです。

　それでは，教師の仕事の本質は何でしょう。

　子供たちにわかりやすい授業をすることでもなく，素晴らしい学級づくりをすることでもありません。

　授業を通して，子供たちに学ぶ力を育てること，そして子供たちに自分の力で人間関係を形成する力を育てることです。

　つまり，子供たちを教師を必要としないような自立した状態に育てることが教師の仕事の本質です。

　そのため，子供が育ってきたら，教師は意図的に出番を減らして，子供に委ねる場面をつくっていくとよいでしょう。

子供同士を結びつける

　これまでの「たねまき期」「生育期」を通してずっと，子供たちの関わりを増やし，つながりをつくってきましたが，「開花・結実期」では子供たちの心理的距離をぐんと縮め，結びつきを強めます。

関わり　→　つながり　→　結びつき

　子供たちが進級した次の学年で「〇〇先生がよかった」「〇〇先生はこういうやり方だった」と言うことがありませんか？

　これは，「頑張った先生の次の年あるある」です。

　こうなってしまうと，次の年の担任の先生も子供たちも不幸です。

　そうならないために，先生との結びつきの代わりに子供同士を結びつけるのです。

　そして，子供たちに，自分たちのクラスを誇りに思うようにさせ，自分たちの手でこの素晴らしいクラスをつくったんだと実感させます。

　そうすることで，進級してからもよいクラスを自分たちの手でつくるんだという意欲を高めます。

 ## 「根っこ」になる人生観を育てる

　学級や子供が育ってくると，教師の指導が浸透するスピードがぐんと速くなります。

　そこで，この時期にこれから子供たちがよい人生を送るための見方，考え方である「人生観」を育てるための指導を集中的に行います。

　「開花・結実期」において，頑張る子供の姿には目を見張るものがあります。

　これを支えているのは，目に見えない「根っこ」の部分です。

　人生観は，この「根っこ」に似ています。

　子供たちの人生は続きます。1年間共に過ごしてきた思い出の一つ一つはやがて消えていくでしょう。

　しかし，思い出は消えても「根っこ」は消えません。いつまでも自身を支えてくれます。

　子供たちにそんな「根っこ」を残すつもりで，人生観を育てましょう。

開花・結実期　❀　極意

生活の乱れを感じたら
「時間の使い方」指導で成長の階段を上らせる

　全国学力・学習状況調査や，各校で独自に行われる子供の生活実態に関わる調査で，次のような気になる結果が出ることがあります。

●テレビやインターネット動画の視聴，ゲームに費やす時間が長い。

●睡眠時間や学習時間が短い。

　自立した子供を育てるには，「時間をどう使うか」という指導が大切です。時間の使い方について指導し，時間を上手に使おうとする態度を養いましょう。

時間を上手に使う態度を育てるポイント

「投資の時間」を増やそうとする意識を育てる。

指導の流れ

❶ 今日の成長を振り返る

　帰りの会の時に「今日，学校に来て自分が『前に進んだ』『成長した』と感じる人？」と問いかけます。

　列指名をして答えさせていくと，子供たちは「社会科の時間に，たくさんの国の名前と位置を覚えました」など，しっかり考えて答えます。

子供たちに,「今日もしっかり成長できたね。今日も学校に来てよかった
ね」と伝えます。

数日間,このような「今日の成長」を全員の前,またはグループで発表し
合うようにします。

❷ ポジティブ日記

毎日,自学ノートにその日にあった「うれしかったこと」「いい気分にな
れたこと」を箇条書きで書かせるようにします。1つでも構いません。

子供たちは,「本を1冊読みきれました」「給食がおいしいなと思い,何杯
も食べられそうな気がしました」「バスケットボールでシュートが決められ
ました」などと書きます。

翌日,名前は出さずにこれらを紹介していきます。はじめは,なかなか書
けない子供たちも「そういえば自分もそうだ」「こういうことを書けばいい
んだ」とだんだん書けるようになってきます。

❸ 「一日一前」意識をもたせる

お金と同様,時間にも「消費の時間」と「投資の時間」があります。費や
した時間以上のリターンを得ることができたら「投資の時間」となります。

「充実した気持ちになれるような時間を過ごせた,または自身を高めたり,
成長につなげたりできた時間を『投資の時間』と言います」と子供たちに教
えます。

その上で,毎日満足してよい人生を送るためには,生活の中に「投資の時
間」を意識して取り入れるように指導します。さらに,「ポジティブ日記」
のように,1日の終わりに「今日は投資の時間をもてたかな」と振り返ると,
この1日で一歩前へ進めたと満足感を得られると伝えます。

「大谷翔平選手のように,しっかり睡眠をとることも,自身の健康や,翌
日に元気に活動するための『投資の時間』となります」と,自身の生活習慣
にも目を向けさせるとよいでしょう。

子供に委ねて力を引き出す

挑戦意欲が高まったら
口を出さない，子供の「やりたい」を尊重する

　学級内の支持的風土が高まると同時に，個々の「やってみたい」という挑戦意欲がわいてきます。

　係活動で，教師が想定外のことをやってみたいというようになります。

　教師はとかく失敗させたくない意識が働きます。「もっとこうしたらいいよ」などアドバイスしたくなるのですが，そこをぐっとおさえて子供たちに任せてみましょう。

　係活動がより一層活性化し，学級に彩りを添えるようになります。

係活動活性化のポイント

- -

> 子供に任せ，できたことを評価する。

指導の流れ

- -

❶ 時間を確保する

　特に高学年になったら授業時間，学習内容も盛りだくさん。子供たち自身も休み時間は委員会活動などがあり忙しくしています。

　こうなるとなかなか係活動も活性化しにくくなります。

　そこで，学級活動の時間を「今日は係での活動タイム」と決め，子供たち

に任せてみましょう。

そこで，「今よりこのクラスをうーんとよくするためのアイデアを相談し，実現してみましょう」と子供たちに任せます。

❷ 認め，口を出さない

子供たちからは様々なアイデアが出ます。学校のきまりに反するものでない限りは「面白い！　やってみて」と子供たちに委ねます。すると子供たちは教師の想定以上の活動をするようになります。

例えばカフェ係。

教室の窓際をカフェスペースとして開放し，給食時に毎日予約したお客さんをご招待。

100円ショップで買ってきたというミニ黒板には，給食の献立をカフェの日替わりメニューのように書いていました。

また，ZIP! 係。

自分たちで2〜3分の情報番組を制作。帰りの会に，タブレット端末で録画したものを電子黒板で「放映」しました。好評だったのは天気予報。実際にネットで調べたものをもとに，「明日は傘の用意をお忘れなく」などの情報を知らせてくれたので大いに役立っていました。

❸ 称賛する

このような活動を教師がしっかりほめます。「さすがです。任せてよかった！　先生には絶対このアイデア思いつかない」と。

これが子供たちのさらなる活動意欲につながります。

子供に委ねて力を引き出す

学級がまとまってきたら
イベントを子供たちでつくらせる

　学期末などに，お楽しみ会などのイベントをする学級も多いかと思います。子供たちにお楽しみ会で何をしたいか希望を聞くと，ドッジボールやサッカーなどのスポーツ，または人狼ゲームなどが出るでしょう。

　子供たちの希望でこれらを行ったのに，楽しんでいるのは一部の子で，不平や不満が出る。このようなケースはないでしょうか。

　せっかくイベントを行うなら，みんなが満足するものを，子供たちの手でつくり上げられるようにしましょう。

 ## みんなが満足するイベントをつくるポイント

> イベントの目的をみんなで共有し，企画・運営を実行委員に任せる。

 ## 指導の流れ

❶ 目的の共有

　子供たちから「お楽しみ会がしたい」という提案がされます。子供たちは，「先生は時間をとってくれて当然」だと考えています。

　しかし，ここで簡単に「どうぞ」とは言いません。「何のために行うのですか？　みんなが楽しむためなら昼休みにやってください。貴重な授業時間

を割いてまで行うことなのですか？　まずは何のために開きたいのか目的を話し合ってから先生にお願いをしてください」と言います。

　子供たちは，「みんなの仲を深めるため」「クラスみんなの最高の思い出をつくるため」などの意見を出します。これらの目的をみんなで共有します。

❷ 実行委員を募る

　何をするのか内容をクラスみんなで話し合うと，様々な意見が出されます。その中から何をするのか多数決で決める，または，それぞれの時間を決めて出されたものを全部するということになりがちです。

　ここで大切にしたいのが❶で決めた目的です。目的に立ち返って「それをすることで，みんなの仲が深まるのか」「どうすれば最高の思い出になるのか」という観点で何をするのか意見を出させます。

　イベントの詳細は実行委員会を募り，そこで決定することとします。

　実行委員会は，みんなが満足するようなイベントを企画・運営します。休み時間にも何度も何度も打ち合わせや練習をしなければなりません。それらの役割を伝え，委員を立候補制で募ります。

❸ イベント後は振り返りをする

　実行委員会の子供たちは，みんなのためにユニークな企画を考えます。そして一生懸命に準備します。企画・練習の段階で教師はしっかり介入します。「こんな時はどうする？」と様々なことを想定し，実行委員が自信をもって運営できるようにします。

　実行委員会のみんなが頑張る姿を見ているクラスの子も，イベントでは説明をしっかり聞き，しっかり楽しむなどメリハリをつけながら協力します。

　イベント後は必ず振り返りをします。

　実行委員の子たちは，「役割分担をもっと細かくする」「時間にゆとりをもたせて計画する」など，今後に向けた改善点を話し合います。その他の子供たちには，イベントのよかった点を実行委員に伝えるようにさせます。

クラスがまとまってきたら
子供にほめることを任せる

　教師と子供との付き合いはだいたい1年間限定です。

　しかし子供たち同士は同級生として小学校6年間，さらに中学や高校でもつながり続けていきます。

　クラスがまとまってきたと感じたら，意識したいのが，横のつながりの強化です。

　これまで，教師と子供とのつながりを強化する時期には，承認ベースの土台づくりと，ほめることを意識してきたはずです。これと同様にして横のつながりをつくることを意識していきましょう。

 ## 横のつながりをつくるポイント

- -

> 子供たちが，ほめ合うことを日常的につくる。

 ## 指導の流れ

- -

❶ ほめる材料を集め，ほめる場を用意する

　これまで教師が行ってきた「ほめる人」の役割を子供に任せます。

　といっても，いきなり友達を「ほめなさい」と言われても困ります。

　そこで，教師がしっかりお膳立てをします。

例えば，右のような写真を電子黒板に提示します。

彼らは短縮授業の日で，通常よりも掃除時間が短かったにもかかわらず，3階から1階までのすべての階段の掃除をてきぱきと終わらせた「掃除マイスター」です。

いつもなら，教師がみんなの前でほめます。

しかし，ここで「この2人はとても素晴らしい。何が素晴らしいのでしょう？」と問いかけ，「この列の人答えましょう」と列指名。子供たちにほめさせます。

教師が，ほめる材料を集め，ほめる場を用意しますが，ほめ言葉を伝えるのは子供です。

❷ 子供たちがほめ合う場をつくる

次のレベルはほめる材料を子供たちに集めさせます。

図工の時間に，鑑賞カードを作り，子供たちに友達の作品のよさを見つけさせる実践をされている先生も多いかと思います。

そこに一工夫。鑑賞カードを賞状にするのです。友達の作品のよさを，「どこが素晴らしいのか」というほめ言葉を添えて伝え合います。ほめるためにはよく見なければなりません。子供たちは友達の作品そのものや，制作態度からほめる点を具体的に見つけます。

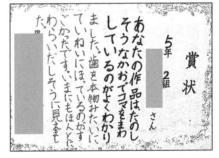

このように，「ほめ合う場をつくる」という意識を少しプラスして日常的に子供たちがほめ合うようにしていきます。

クラスがまとまってきたら
互いのよさを認め合う

　自身の強みを見つけ，その強みを生かすことが成長につながります。

　しかし，自分の強みは自分自身ではなかなか気づかないものです。

　そこで，クラスの友達同士でお互いのよさを見つけ合い，教え合います。

　クラスがまとまる時期になると，互いのよさがしっかり見えるようになっています。「優しい」「面白い」という一般的なものではなく，具体的に互いのよさが伝えられるようになります。

 ## お互いのよさを認め合うポイント

> 1日1人ずつの具体的なよさをじっくりと思い出し，伝える。

 ## 指導の流れ

❶ 「よいところ見つけ」について説明する

　「人にはそれぞれよさや，強みがあります。自分自身の強みをしっかりと理解し，これからその強みを武器にしていくことがさらなる成長へとつながります。しかし，自分のよさや強みにはなかなか気がつかないものです。そこで，1年間一緒に過ごしてきた友達同士で互いのよさや強みを見つけ，伝え合いましょう」と趣旨説明を行います。

❷ 「よいところ見つけ」をする

　Ａ５サイズの紙に氏名印を押します。これをクラスの人数分作成します。そして，１人ずつにランダムに配っていきます。

「今日の帰りの会までに，氏名印の友達のよさや強みをじっくりと思い出し，それをこの紙に書きましょう。帰りの会で集めます」と言います。

　誰のことについて書くかは誰にも言わないことと約束します。

　この「よいところ見つけ」は３日間行います。１人が３人分のよさや強みを書くことになります。

❸ 学級通信で知らせる

　書いてもらったよさや強みは，せっかくなので学級通信に掲載します。

　子供たちは誰が書いてくれたかわからない分だけうれしさも増すようです。もちろん保護者の方にも大変喜ばれます。

　それでは29名のよいところ，強みを紹介します。

1　●●　●●
・一緒にいて楽しい。　・発表の仕方が上手。　・いつも明るいテンションでクラスの雰囲気を良くしてくれた。　・自分にも気軽に話しかけてくれてうれしかった。　・授業でいっぱい意見を言ってくれるので考えが広がる。

2　■■　■■
・あいさつが元気でやる気がもらえる。　・クラスのスポーツ王。　・思いやりがあり，よく人を助けている。　・課題を最後までやりきっている。　・集中力があり，集中したらすごい力を発揮する。

3　▲▲　▲▲
・友達思いで優しく，放送委員会で５年生の心配をしている。　・何事もしっかりやりきる。　・足が速くてサッカーが上手。　・「ありがとう」としっかり言ってくれる。　・メリハリをつけることができる。

4　○○　○○
・周りをよく見ていて，配り物などをすすんですることができる。　・すすんで人に話しかけて仲良くできる。　・字が丁寧で感想などをびっしり書ける。　・物事にまじめに取り組める。　・とても話しやすい。

5　□□　□□
・授業の前の気合いの入った号令でみんながしまる。　・いつも自分の意見をもち，まっすぐに手を挙げている。　・勉強の時はまじめ。遊ぶ時はいい人。　・しゃべっていると話がふくらんでいくので楽しい。　・工作や細かい作業が得意。

クラスがまとまってきたら
チャットで新たなつながりをつくる

　学級の子供たちが互いに尊重し合えるようになったら，1人1台端末のチャット機能を活用し，新たなコミュニケーションの場を設けます。

　子供たちは日常でも LINE などの SNS でつながり合っていることでしょう。また，もっと早い段階でチャット機能を使ったコミュニケーションをとらせる学級もあるかと思います。

　ここでのチャット機能活用は連絡や個人的なつぶやきを目的としたものではありません。あくまでも互いに感情を交流し合い，つながりをつくる場として活用します。

 ## チャットでつながりをつくるポイント

> 朝の時間と帰りの時間にプラスのメッセージで交流させる。

 ## 指導の流れ

----

❶ 帰りの一言メッセージ

　下校時に，タブレット端末のチャット機能を使い，「今日うれしかったこと・感謝したいこと」を書き込ませます。そして，これを電子黒板で「公開」します。

全員で感情を伝え合うには時間がかかりますが，チャットなら短時間でみんなと「うれしかったこと・感謝したいこと」を共有できます。

　お互いに今日も楽しかった，明日も頑張ろうという気持ちで下校することができます。

　ここでのメッセージは１人一度のみ。一言書き込んだらタブレット端末を片付けさせます。

❷ 朝のメッセージを書かせる

　帰りの一言メッセージが定着したら，登校後に朝のメッセージを書かせます。

　今日，楽しみにしていることや家庭での楽しかった出来事など，ポジティブになれる情報を紹介し合います。ここからは，友達のコメントに対して返信し，双方向のやりとりもOKとします。表現などで気になることがあれば教師が指導します。子供たちへの，ネット上の表現についての生きた指導の場となります。

補足

　３月のある日，このチャットに，不登校傾向だった子が自宅からメッセージを寄せてくれました。その子にはチャットでの友達との距離感が程よかったようです。６年生だったので「卒業前にこれでクラスが１つになった」とクラスみんなで実感し，大喜びしました。温かいメッセージが飛び交うチャットだからこそ，このような事実が生まれたと感じています。

学級目標の達成状況が見えにくかったら
「カラーイメージ」でクラスを振り返る

　学年のはじめに学級目標を決めます。

　教室に学級目標を掲示している学級も多く，キーワードとして「優しさ」「笑顔」「元気」「協力」などのポジティブワードが並びます。

　しかし，これらの目標が実現しているかの達成状況はなかなか見えにくく，振り返る機会もあまりありません。

　1年のうちには「あと100日」や「あと50日」，または始業式や終業式などの節目があります。節目に目標を振り返る「中間決算」をしてみましょう。

 ## 学級目標の達成状況確認のポイント

> クラスのイメージを色で考えさせる。

 ## 指導の流れ

❶ 「色のイメージ」について説明する

　色にはイメージがあることを子供たちに説明します。国語科の「注文の多い料理店」や「やまなし」など，色のイメージが効果的に使われている作品を例に使うとわかりやすいでしょう。

　「それでは色の連想ゲームをしましょう」と言い，子供たちに「夏は何色

でしょう？」と聞きます。子供たちには，色と，どうしてその色をイメージ
したのかを答えさせます。

　続いて「秋は何色でしょう？」と聞きます。

　感じ方は人それぞれなので正しい答えはありませんと強調しておきます。

❷ 「クラスの色」を考えさせる

　「今日でこの学年で登校する日もあと100日になりました。およそ半分の折
り返し地点です」と子供たちに話します。

　「半分が過ぎた今日までのこのクラスのことを思い出して考えます。5年
1組は何色でしょう？」と子供たちに問いかけ，考えさせます。

　個人で考えて発表させても，グループで納得解を見つけて発表してもよい
でしょう。

　私のクラスでは次のような意見が出ました。

- ●赤…みんな元気があるから，明るいから。
- ●オレンジ…温かくて雰囲気がいいから，明るいから。
- ●黄色…光みたいに明るいから，「元気はつらつオロナミンC」の色だか
　　　　ら，笑顔が多くて星みたいだから。
- ●水色…優しいイメージだから。
- ●ゴールド…みんなが協力して1つになって輝いているから。

❸ イメージと学級目標を照らし合わせる

　この年の学級目標は「サンスター」でした。太陽のように明るく，星がつ
ながって星座になるようにみんなで協力していこうというものです。

　この目標と子供たちがイメージしたクラスの色がマッチしていました。

　「ここまで，みんなの力で目標に書いたとおりの素敵なクラスをつくって
きましたね」と，みんなの力でクラスをつくってきたということを強調し，
クラスに誇りをもたせます。そして残りの100日も頑張ろうと励まします。

自分の達成感・満足感を大切にする

08

子供が育ってきたら
教師がほめることを少なくする

教師はほめることの「害」も考える必要があります。

ほめて育ててばかりいると,

● 「先生にほめられたいからする」と考える子。

● 「せっかくやったのに先生にほめられなかった」と感じる子。

が出てきます。これらは,子供たちの自律心が育っていない状態です。

　子供たちとの関係性ができてきたなと感じたら,ほめることを意識してなくしていきましょう。そして,ほめられなくても活動できる自律的な子供を育てましょう。

自律的な子供を育てるポイント

> 評価や判断の基準を自分自身の中につくらせる。

指導の流れ

❶ 子供たちの満足・評価の基準を確認する

　次のページにある図を子供たちに提示します。

　これは,自分がしたことに対する評価に関する座標軸です。

　たて軸は「自分の満足度」,よこ軸は「人からの評価」を表します。

子供たちに，「この中で，一番いいなと感じ
るのは人からも評価され，自身も満足している
Ａですよね。反対に，一番嫌だなと感じるのは
誰からも評価されず，自身も満足できないＣで
すよね」と確認します。

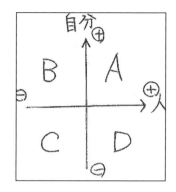

　それでは，「みなさんが，Ａの次にいいなと
感じるのはＢとＤのどちらでしょう？」と問い
かけます。

❷ どちらが望ましいか話し合う

　ある年に私が担任した５年生は，なんと全員がＤだと答えました。
　しかし，多くの場合はＢとＤに分かれます。このように分かれた場合は，
なぜそう考えたのかお互いの意見を交流し合います。

❸ 「頑張った自分をほめる」

　子供たちに「確かにＤのように人から評価される
ことはうれしいものです。でも，人からの評価はあ
いまいなものです。頑張ったからほめてもらえる時
もあれば，そうでない時もあります。賞の数にも限
りがあり，頑張ったら必ず賞をもらえるわけでもあ
りませんよね」と話します。

　ここで，私が宝物にしている絵を見せます。「こ
の絵は先生が大学生の時に描いた絵です。誰かから
評価されたわけでも，賞をとったわけでもありませ
ん。でも，自分が時間をかけ，一生懸命に描いたので満足しています。Ｂの
状態です。この経験があって，今でも絵を描くのが好きです」と伝えます。
　このように，人からほめられなくても，「自分は頑張った」という達成
感・満足感で「自分をほめよう」という意識をもたせます。

友達と競うことを楽しめるようになったら
苦手なことに挑戦させる

　作文を書くことに対して苦手意識をもつ子は多いようです。

　書くことがない，面倒くさいというのが主な理由です。

　しかし，学級の人間関係が深まり，子供たちが競い合うことを楽しめるようになったら，作文のように子供たちが苦手と感じていることにどんどんチャレンジさせるチャンスです。

　競い合うことで，書くことを楽しむようになります。

 書くことを楽しめるようにするためのポイント

> 量を競い合わせ，書いた量で自信をつけさせる。

 指導の流れ

---

❶ 書くためのネタ探し

　まずは，作文を書くためのネタ探しです。

　１年生の生活科で「秋を見つけよう」という学習があります。見つけた秋を作文に書かせることにしました。

　校内をみんなでゆっくりと散歩し，楽しみながらたくさんの秋を見つけました。

❷ 細分化して書かせる

　「みんな，たくさんの秋を見つけたね。今から，見つけた秋について作文を書きます。まずは，１つのことについて詳しく書きます。１つ書けたら先生のところに持ってきましょう」と伝えます。

　ある子は「うんどうじょうにさくらの木がありました。わたしがにゅう学したころには，さくらがいっぱいさいていたけど，いまはかれはになっています。はがぜんぶおちた木もありました。とてもさびしそうでした」と書いていました。みんなの前で読み上げ，「うまい。まだ書くことある？」と聞き，次のネタについて書かせます。

❸ おかわりシステム

　「はっけんカード」というＡ４の用紙に書かせます。

　用紙がいっぱいになったら，「おかわりをください」と言って，Ａ４の３分の１サイズの紙を取りにいきます。これに作文の続きを書き，のりで「はっけんカード」に付け足します。書いた分だけ長くなり，この長さを友達と競い合うようになります。しばらく教室に響くのは鉛筆の音だけという状態になります。

　「こんなに書けた！」とみんな満足感で笑顔になります。

補足

　６年生には，同様に細分化と原稿用紙の枚数を競い合わせることで修学旅行記を書かせました。多くの子が原稿用紙30枚以上の大作になりました。

体育のなわとびでつながりをつくる

友達を尊重できるようになったら
誰とでも関わらせる

　子供たちはクラスの誰とでも手をつなげますか？

　誰かが失敗しても温かい雰囲気でフォローできますか？

　体育の時間に，ある運動をすることで，これらが確認できます。

　それはフォークダンスです。

　フォークダンスをさせてみて，みんなで仲良く楽しむ姿が見られたら子供たちが互いに尊重し合えるようになっている状態です。尊重し合うと，言葉や態度による侵害行動が見られなくなります。

　体育の時間には，子供たちをいろいろな友達とどんどん関わらせながら，思わず笑顔になれるような楽しい運動をたくさん行いましょう。

 ## 体育の授業で誰とでも関わらせるポイント

> **短時間でできる手軽な運動を多数回行う。**

 ## 指導の流れ

---

❶ 笑顔があふれる「ペア de なわとび」

　男女の２人組をつくらせます。

　「今からこのペアで３種目のなわとび運動をします。それぞれ10回跳べる

ようになったら合格です」と伝えます。

　まずは1種目め。なわを1本用意し，お互いに向かい合います。

　なわを持っている人が回すのにあわせて，2人一緒に跳びます。

　2種目めも，なわを1本用意します。

　今度は横に並び，お互いの外側になる手でなわを片方ずつ持ちます。2人の間を空けないのが成功のポイントなので，2人の距離がグッと近づきます。

　3種目めは少しレベルアップします。

　今度はなわを2本用意します。お互いの外側の手は自分のなわを持ちますが，内側の手でそれぞれ相手のなわを持ちます。

　つまり，2本のなわがクロスした状態で同時になわを回し，跳ぶのです。

　この3種目を終えたら，「今度は違う相手とチャレンジしてみましょう」とペアを変えて跳ばせ，なるべくたくさんの友達と関わらせます。

❷ 熱狂「二重跳びリレー」

　5人程度のチームをつくり，たてに並ばせます。笛の合図でスタート。前の人から順番に二重跳びをしていき，ひっかかったら座って，次の人へ。ひっかかったらその次の人へとリレーしていきます。

　リレーの展開をわかりやすくするために，跳んでいる人と，次に跳ぶために待機している人だけを立たせ，その他の人は座らせます。

　チームの勝利のために一人一人が一生懸命に跳ぶので，なわとびの技能が向上します。このチームはしばらく固定しておくと，上手になった友達をほめ合うなどチームワークが生まれます。

開花・結実期　授業

子供たちをさらに成長させたければ

生き方について考えさせる

　学級開き以降，子供たちに「高めた力を人のために使う」と，利他的な行動の大切さについて教え，それらを「幸動力（こうどうりょく）」として価値づけてきました。

　それらの集大成として，幸せについて考えさせる授業をします。

　授業を通して，教室で日常的に指導してきた「幸動力」を進級・進学後や，これからの人生の中でも実践していこうとする意欲を育てます。

 ## これからの生き方について考えさせるポイント

> 何があったら幸せになれるのかを考えさせる。

 ## 指導の流れ

---

❶ 何があったら幸せか話し合う

　「何があれば人は幸せを感じるのでしょうか？」と問いかけます。

　子供たちは，「家族」「友達」「お金」「暮らせる場所」「一日三食」「健康」などと答えます。

　「一日三食を食べ，暮らせる家があり家族がいても幸せではない人はいそうですね」と話します。

❷ 「ありがとう」と言われること

　ここで，子供たちに吉藤オリィさんを紹介します。

　「吉藤さんは子供の頃から体が弱く，学校を欠席しがちとなり，小学5年生の時から不登校・引きこもりとなってしまったそうです。その中で，吉藤さんが一番つらいと感じたことは，人から『ありがとう』と言われることがなかったことだそうです。人から『ありがとう』と言われることがないということは，自分には存在価値がないことだと本当に悩まれたそうです」と話し，吉藤さんが「孤独の解消」を目的としてロボット開発をされていることを紹介します。

【参考文献】　吉藤健太朗著『「孤独」は消せる。』（サンマーク出版）

❸ 幸せな100円の使い方

　さらに，子供たちに「100円があったとして，どう使うと幸せになれるでしょう？」と考えさせます。

　考えさせた後で，子供たちに，幸せに関する研究の結果を紹介します。

　この研究では様々な実験から「100円を自分がもらうことによって上がる幸福度よりも，その100円を誰かにあげることによって得られる幸福度の方が大きい」とし，「利他的行動が幸福度を高める」と結論づけています。

【参考文献】　ニッセイ基礎研究所「他人の幸せの為に行動すると，幸せになれるのか？―利他的行動の幸福度への影響の実験による検証―」

【子供たちの感想】

● これから，幸せに生きるということは何かに貢献することだと考えて「あったか行動」を続けていきたいです。

● 僕は最初，幸せというのは友達やお金があることだと考えていた。でも，友達や家族がいてもその人と深くつながらないと意味がないし，人から感謝されることが大切だとわかった。これからは，いろいろな人と仲良くなり，感謝されることをしたい。そして，人にも「ありがとう」と言いたい。

開花・結実期 🌷 授業

グループでの活動の後は
「ほめほめ解団式」で一区切りをつける

　宿泊学習や修学旅行などの行事では，生活班や学習グループごとに活動する場面があります。

　また，運動会の選手リレーでは，チームの仲間で何度も練習を重ねます。

　委員会活動では，同じ仕事を担当する子同士で一定期間活動します。

　子供たちがこのようなグループ・チームで活動する際に，教員は役割分担や注意事項など，事前指導は十分に行います。一方，事後の指導は意外と少ないように思います。

　グループで活動した後は，子供たちの結びつきを強化するチャンスです。

　結びつきを深めるための事後指導を行いましょう。

結びつきを強化する事後指導のポイント

> 子供同士での振り返りの場をもたせる。

指導の流れ

❶ 「ほめほめカード」に友達のよいところを記入する

　活動後に，同じグループの友達の一人一人について，素敵だなと感じたことをカードに記入させます。

友達の名前	ほめ言葉	こんなところが素敵

　この中で大切なのは「ほめ言葉」の部分です。子供たちは，ほめ言葉のボキャブラリーが少ないのです。そこで，次のような表を提示します。

> ・やさしい　・あたたかい　・明るい　・責任感がある　・まじめ
> ・元気　・頼りになる　・ユーモアがある　・公平　・気配りができる
> ・親切　・さわやか　・たくましい　・働き者　・誠実　　など

　この中で，その友達に当てはまる言葉を１つ選びます。そして，なぜそれを選んだのかを具体的なエピソードで「こんなところが素敵」という欄に記入するようにします。

❷ 解団式を行う

　行事の後などには必ずグループ・チームの「解団式」を行い，ここまで共に学び合い，協力し合ったグループの友達と活動の一区切りをつけます。
　全体の場で教師が子供たちのよかった点や頑張りをねぎらいます。
　その後，グループごとに円の形に座り，１人ずつ自分の書いた「ほめほめカード」を声に出して読み，友達に渡していきます。
　子供たちには，こうして楽しく活動でき，充実感や達成感を味わえたのも共に活動できた仲間がいたからこそだと話し，互いに拍手を送らせます。
　ある子は日記に，「わたしは，『明るい』と『あたたかい』という言葉をたくさん書いてもらいました。みんないいところを見ていてくれました。わたしのじまんが増えました」という感想を書いていました。

人からしてもらったことに気づかせたいなら
「時間と手間」に目を向け感謝の気持ちを育てる

　伸びる人の第一条件は，素直であることです。

　素直な人は他者からのアドバイスを真摯に受け止めます。また，素直な人は周囲の人にかわいがられるので，「成長スパイラル」をかけあがります。

　それでは素直さを育てるためにはどうするとよいのでしょうか。それは，感謝の気持ちをもたせることです。人からしていただいたことに「ありがたい」と気づかせることが素直さを育てる第一歩です。

 ## 感謝の気持ちを育てるポイント

- -

> 「時間と手間」に気づかせる。

 ## 指導の流れ

- -

❶ おみやげをもらうとなぜうれしい？

　子供たちに，旅行先から帰ってきた人におみやげをいただく場面を想像させます。そして，「おみやげをいただくとうれしいですね。なぜうれしいのでしょう」と問いかけます。

　子供たちは，「おいしいものだから」「わざわざお金を使ってくれたから」「欲しいものがもらえるから」と答えます。

次に，「おみやげを選ぶ人はどんなことを考えて買うのでしょう」と，おみやげを買う側の立場になって考えさせます。

　子供たちは，「このおみやげで相手が喜んでくれるかどうかを考えます」と答えます。ここで，「時間と手間」というキーワードを教えます。

　「おみやげを選ぶ時，その人はずっと渡す人のことを考えてくれています。渡す人のために大切な時間と手間をかけてくれているのです。もちろん，その時に支払うお金も，その人が時間と手間をかけて稼いだお金ですね。だから，おみやげをいただくとうれしいのです」と話します。

❷ 社会科見学の事前指導で

　「時間と手間」というキーワードは社会科見学やゲストティーチャーを招く時の事前指導でも有効です。

　「説明してくださる方は，みんなのために貴重な時間を使ってくださるのです。また，手間をかけて説明のための資料も作ってくださるのです。どのような態度で感謝の気持ちを表しますか」と問いかけます。

❸ 手紙を書かせる

　今は，連絡手段が LINE やメールが中心となっています。

　だからこそ，時間と手間をかけた手紙を受け取るとうれしいのです。

　子供たちには頻繁に手紙を書かせます。

　宿泊学習や修学旅行に出発する朝に，「行かせてくれてありがとう。行ってき

ます」という手紙を，こっそりと家のどこかに置かせるサプライズレターをしかけます。また，学年の終わりには，家族やお世話になった人へ手紙を書かせます。こうして，人のために時間と手間をかけることを経験させることで他者への感謝の気持ちも育ちます。

学習意欲が高まったら
子供たちによりよい自学を生み出させる

　学ぶことが楽しくなったら子供たちはすすんで学習に取り組みます。

　互いに競い合い，高め合うことが楽しくなり，自学も充実します。

　１年生の担任をしていた時のことです。

　子供たちが係活動で「自学係」をつくりました。

　また，友達に負けない自学にしようと，昼休みにも校内でネタ探しを必死にしていた子供たちもいました。

　子供たちからどんどん素敵な自学を生み出させましょう。

 ## よりよい自学を生み出させるポイント

> 切磋琢磨させるとともに，協力し合う関係をつくり自学に取り組ませる。

 ## 指導の流れ

---

❶ よい自学を「使う」

　学級通信や教室掲示でよい自学を紹介します。

　それとともに，子供の自学を授業の場で活用します。

　例えば，１年生国語で「どうぶつの赤ちゃん」という説明文を学習していた時のことです。自宅が牧場の女の子が，牛の赤ちゃんについて調べ，自学

で小冊子を作ってきました。

　そこで，この文章を使って授業をしました。

　自分の自学が授業に生かされることは子供にとってうれしいことです。

　翌日は多くの子が「○○の赤ちゃん」の説明文を自学ノートに書いてきました。

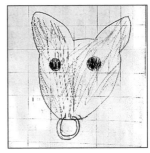

どうぶつのあかちゃん　うし

❷ 子供たちの動きを「認める」

　この子たちは，友達に負けないようなすごい自学がしたいと，友達と昼休みに自学のネタ探しをするようになりました。

　校内で消防設備点検をしていた業者の方に，作業内容や点検用具についてインタビューをしたいと言うのです。

　もちろん，「いいよ」と認め，「すごい。こんな1年生はめったにいない」としっかりほめました。

❸ 子供たちの動きを「ほめる」

　さらに数名の子が「自学係をつくります」と言いました。

　活動内容は，昼休みに勉強会を開いて，どんな自学をすればよいかみんなに教えるというものでした。

　競い合うだけではなく，共に高め合おうとする子供たちに，「自分だけがよい自学をしてほめられるので

はなく，みんなに教えるというところが素晴らしい」と伝えました。

1年をしめくくる時に
「学級解散式」を行う

　学級じまいとして，「学級解散式」を行います。

　目的は，担任が替わっても自分たちでクラスをつくっていくという決意を新たにすることです。

　1年間の楽しかった思い出を振り返るとともに，自分たちの手でこんなに素敵な学級をつくったんだということを改めて実感させます。

　そして，次の学年でも新たな仲間と共に，自分たちの手で，この1年がかすんでしまうくらいの素晴らしい学級をつくるんだという意欲を高めます。

心に残る解散式のポイント

> 学級オリジナル呼びかけをつくり，1年間を振り返る。

指導の流れ

❶ 「呼びかけ」を作成する

　卒業式のような「呼びかけ」をグループごとに作成し，学級解散式で発表し合うことを伝えます。

　まずは呼びかけの原稿作成。

　Google ドキュメントの共同編集機能が便利です。

グループごとにドキュメントを割り振り，それぞれに楽しかった思い出を箇条書きにして出し合わせます。それらを順番を整えたり，どのせりふを誰が言うのかを分担したりします。原稿を作成しながらグループで「あったねえ」などと，思い出に浸ることができます。

別れの言葉
1. 初めて会った西田先生 T
2. 西田先生　　（みんな）
3. みんなで協力した熟語ゲーム n
4. 一年生と体力テストをして自分の方がヘトヘトになりました n
5. 寒いのに食べたソフトクリーム m
6. 坂と思ったら階段だった錦帯橋 n
7. 錦帯橋　　（みんな）
8. みんなで頑張った委員会 T
9. 家族にお土産を買った宮島 n
10. バスの中で見たトムとジェリー m
11. たくさんの鹿を見た厳島神社 r
12. おいしかった紅葉まんじゅう m
13. バスの中では幻のトリプル西田事件が起きました n
14. 頑張って走った持久走大会 r
15. 持久走大会　　（みんな）
16. みんな協力したフォークダンス n
17. 給食調理員さんが全校のためにあげてくれた揚げパン r
18. 迷子になりそうだった宮島のお土産屋さん T
19. 大混雑したソフトクリーム専門店 m
20. 青い海赤い神社黄色い帽子 n
21. 緊張したけど頑張った英語のスピーチ n
22. スピーチ　　（みんな）

❷ 学級解散式を行う

6年生なら卒業式の前日に，それ以外の学年だったら修了式の前日に学級解散式を行います。

メインとなるのがグループの呼びかけです。

グループごとに発表しますが，右上のような台本を電子黒板に提示します。

聞いている子たちも「みんな」と書かれているせりふは一斉に声を出して呼びかけに参加します。

笑い合いながら1年間を振り返ります。

❸ 先生の言葉

「みんなとの1年は本当に楽しかった。ありがとう。でも，先生はみんながこれから先，この1年の思い出がかすんでしまうくらいの楽しくて充実した日々を過ごして欲しいと祈っています。こんなに素敵なクラスをつくったのはみんなです。次の学年（中学校）でも，このクラスに負けないくらいのよいクラスをつくってくださいね」というメッセージを伝えます。

【著者紹介】

西田　智行（にしだ　ともゆき）

1978年山口県下松市生まれ。
岡山市内の小学校に3年間勤務した後に2004年より山口県の小学校教員となる。現在，下関市立豊浦小学校に勤務。
国語科授業名人・野口芳宏先生の「進む教師にのみ教える資格がある」という言葉に感化され，全国のセミナーに出かけるようになる。
出会いに非常に恵まれ，2005年に熊本県で行われた赤坂真二先生，土作彰先生による「学級づくり改革セミナー」に参加したことにより，高校の大先輩である中村健一先生から学んだ人間関係づくりの大切さについて考えるようになる。また，2007年より福山憲市先生の主宰の教育サークル「ふくの会」に所属し，教師としての根幹を鍛えられる。

【著書】
『学級づくり&授業づくりスキル　授業のミニネタ』（分担執筆）
『係活動指導　完ペキマニュアル』（分担執筆）
『運動会指導　完ペキマニュアル』（分担執筆）
『給食指導　完ペキマニュアル』（分担執筆）など
（以上，すべて明治図書）

学級経営サポートBOOKS
学級の育ちにあわせた3段階のクラスづくり
成長にあわせた指導アイデア

2023年10月初版第1刷刊 Ⓒ著　者　西　田　智　行
　　　　　　　　　　発行者　藤　原　光　政
　　　　　　　　　　発行所　明治図書出版株式会社
　　　　　　　　　　http://www.meijitosho.co.jp
　　　　　　　　　　（企画）佐藤智恵（校正）武藤亜子
　　　　　　〒114-0023　東京都北区滝野川7-46-1
　　　　　　振替00160-5-151318　電話03(5907)6703
　　　　　　　　　　ご注文窓口　電話03(5907)6668
＊検印省略　　　　　組版所　中　央　美　版

Printed in Japan　　　　　　ISBN978-4-18-277512-3
もれなくクーポンがもらえる！読者アンケートはこちらから